KB265254

신세新稅는
악세惡稅인가

신세新稅는
악세惡稅인가

신세新稅는 악세惡稅인가

글쓴이 / 서영택
펴낸이 / 孫貞順
펴낸곳 / 모아드림

2008년 11월 15일 초판 1쇄 인쇄
2008년 11월 25일 초판 1쇄 발행

서울 서대문구 북아현3동 1-1278
전화 / 365-8111~2
팩시밀리 / 365-8110
E-mail / morebook@morebook.co.kr
http://www.morebook.co.kr
등록번호 / 제2-2264호(1996.10.24)

ⓒ서영택
ISBN 978-89-5664-119-6

값 15,000원

신세新稅는 악세惡稅인가

세금은 부자를 가난하게 만들 수는 있어도
가난한 사람 부자로 만들 수는 없다

서 영택徐榮澤

모아드림

공직생활 30여 년을 성찰省察하고자 과거를 되돌아 보기로 했다. 그 중 몇 가지 경험과 일화는 기록으로 남기고, 현 시점에서 자기반성과 소회所懷를 이야기하고자 한다.

필자의 공직생활 중 특별한 기회와 행운이 무엇이었냐고 묻는다면 첫째는 젊은 시절 나라 돈으로 외국에 유학을 다녀온 일이고, 둘째는 장관 자리보다도 조세전문가로서 처음으로 국세 행정의 수장자리에 오른 것이었다. 공직생활 30여 년의 반은 구 재무부 조세 분야에서 조세정책의 수립과 조세법령의 제정, 개정에 참여했고, 반은 국세청에서 집행업무에 종사했다. 공직생활 초기 미국유학의 기회는 필자의 공직생활의 미래를 밝게 해 준 계기가 되었고 그 이후 우리나라 경제개발 연대와 맞물려 우리나라 조세제도의 근간을 이루는 데 일조를 했고, 조세 분야 공직에서 대과없이 일한 결과 옛 재무부 세제국장, 세정, 재정차관보, 국세심판소장(지금의 조세심판원), 그리고 조세전문가로서 가장 영광스러운 국세청장의 자리에까지 이르게 되었다. 이 과정에서 공교롭게도 우리나라 조세수입의 근간이 되고 있는 부가가치세 제도와 완전한 종합소득세 제도, 그리고 교육세, 토지초과이득세 등 신세新稅의 신설 또는 집행에 직접관여를 하게 되는 기회가 많았다고 본다.

때문에 이 책의 제목을 "신세는 악세인가"라고 붙인 것은 신세新稅가 국민들에게 어떤 의미와 영향을 미쳤고, 나라 경제에는 어떤 명분과 실리, 그리고 부작용을 가져왔는가를 담담하고 솔직하게 되돌아 보았고, 이와 더불어 현재까지도 사회경제적인 이슈가 되고 있는 부동산 투기와 대 재산가들의 변칙적인 상속, 증여에 얽힌 일화들을 현재 시점에서 되돌아 보고 또 반성해 보는 시간을 가져보았다. 오랜 세월 동안 조세정책의 수립과 집행에 직접 관여하면서 느낀 필자의 소감은 모든 정책이 그러하겠지만 특히 조세의 경우 이론의 승리가 반드시 현실의 성공으로 이어질 수 없다는 것을 깨닫게 한다.

세제개혁을 할 때마다 항상 내거는 중요한 캐치프레이즈가 경제개발, 성장의 지원, 소득재분배 기능의 강화였으나 과연 세금으로 얼마만큼 경제성장과 기술개발, 그리고 소득재분배에 기여를 했는지, 또 그 반대로 직접, 간접의 조세지원으로 국민경제가 얼마나 왜곡되어 왔는지, 분야별로 얼마나 세부담의 불공평을 가져왔는지, 또 얼마나 많은 세수손실을 가져왔는지 등등 필자는 조세제도의 전반적인 효율성을 정확하게 측정을 해 볼 수는 없다. 그러나 세월이 흐른 이 시점에서 다시 한번 모든 것을 정리 회고해 보면 필자의 생각은 이렇게 이야기하고 싶다.

조세는 가급적 중립적으로 운용되는 것이 바람직하다는 생각이 든다. 사회, 경제정책적인 목적이나 타목적에 지나치게 조세라는 수단을 이용해서는 안 된다는 생각이다. 국민들의 일상생활 특히 경제활동에 세금이 지나치게 간섭과 영향을 미치고 부담스러운 존재가 되어서도 안 된다는 것이다. 과거 토지초과이득세의 시행과 폐지, 최근의 종합부동산세 제도의 시행을 보면서 필자는 더욱 이 같은 생각을 다시 해 본다. 특히 지나친 세금부과는 여러 부작용과 사회경제적인 후유증을 유발한다.

첫째 조세저항이다. 우리나라에서도 자영업자의 공개적인 조세저항, 이를테면 정부를 향한 집단시위라든가 시장폐쇄 등의 저항이 가끔 있었다. 그러나 고소득 계층에 대한 중과세는 '보이지 않는 조세저항'을 유발하며 이들의 보이지 않는 무저항의 조세저항은 더 무서운 저항이 될 수 있다. 국민경제 생활에 많은 왜곡현상을 불러올 우려가 있기 때문이다.

지금은 이른바 글로벌리제이션에 따라 돈과 재산, 자본이 쉽게 세계 어디로든지 이동할 수 있는 시대다. 국경을 비롯한 각종 장벽이 거의 없어진 시대다. 따라서 세금이 과중하다 싶으면 세금이 적은 나라나 지역을 찾아 도피하는 등 적극적으로 저항하거나 열심히 돈 벌기를 포기하는 소극적 저항을 택하는 사람도 있을 것이다. 어느 쪽이 되었든 이와 같은 '보이지 않는 조세저항'을 행정력이나 정치권력으로 규제할 수도 없다.

둘째로 어떤 방법으로든 세금을 적게 내려고 온갖 지혜를 다 짜내는 이른바 '불법에 가까운 절세 대책'의 횡행橫行이다. 이를 막기 위한 세법개정은 언제나 뒷북을 치는 것이 현실이기 때문에 효과에는 한계가 있다. 이 책에서 다루고 있는 변칙적인 상속, 증여 사례가 이를 증명해 주고 있다. 또한 세금을 통해 기업성장을 지원하고 부동산 투기를 막고 소득재분배 정책 등에 너무 집착하다 보면 지원효과보다도 세금의 기본적인 기능인 재원조달과 공정과세에 차질이 일어날 수도 있다.

오랜 세월 조세정책과 행정에 관여한 필자의 경험적 신념은 가급적 경제흐름에 중립성을 보장하는 조세제도의 운영이다. '세금의 중립적 운용' 이란 결국 모든 계층이 큰 부담을 느끼지 않고 납세할 수 있는, 그리고 세금문제로 신경을 쓰지 않고 생업에 전념할 수 있도록 하는 것을 말한다. 이럴 때 비로소 세금 운용이 국가경제를 성장시키고 선진화로 나아가게 하는 동력 역할을 할 수 있을 것이다. 고소득층이든 저소득층이든 간에 모든 국민이 자기노력으로 돈을 벌고 그에 상응하는 공정한 세금을 냄으로서 납세의무를 다할 수 있는 것이 이상적인 사회며 국가다. 저소득계층이라고 해서 무조건 세 부담을 면제해 주는 것보다는 적은 액수라도 국민된 도리로 소득에 상응하는 세금을 내게 하는 이른바 '국민개세주의國民皆稅主義' 나 "넓은 세원, 낮은 세율"의 원칙이 바람직하다고 본다. 세금은 문명사회를 위하여 우리 모두가 지불하는 대가이기 때문이다.

납세는 국민이면 누구나 다 져야 할 기본 의무다. 저소득 계층도 돈을 벌어 중산층이 되고 고소득층이 되었을 때 건전한 납세의식을 가질 수 있도록 초기단계부터 건전한 납세문화에 익숙해질 필요가 있다. 자유자본주의 체제 아래서의 소득재분배 문제는 세금이 아닌 다른 방법, 예를 들면 지출 정책이나 사회복지 정책, 그리고 자선적 기부문화의 확산 등을 통해 추구하는 것이 바람직하다는 생각이다. "세금은 부자를 가난하게 만들 수는 있어도 가난한 사람 부자로 만들 수는 없다"는 말이 생각난다.

지난 30여 년간 정부의 조세정책과 집행의 일익을 담당해 오면서

1960년대, 1970년대, 1980년대 등 시대별로 정부가 조세를 어떻게 어떤 목적으로 운용해 왔는지를 개관하면서 정책집행 및 추진과정에 얽힌 비화와 일화, 그리고 여러 애로사항을 기억나는 대로 정리해 보았다. 많은 시간이 흐른 이 시점에서 되돌아 볼 때 잘했다고 생각되는 점보다는 아쉬웠던 일, 잘 못했다고 후회되는 일이 많았음을 고백한다. 부끄러움을 무릅쓰고 집필을 시작한 것은 스스로 반성하고 비판해 보는 기회를 갖기 위해서다. 조세를 담당하는 후배들이나 우리 세정역사와 연관된 글을 쓰려는 분, 그리고 그 동안 조세정책, 특히 조세행정 등을 잘못 이해하거나 오해하고 있는 분들에게 이 책이 조금이라도 도움이 된다면 더 바랄 것이 없겠다.

고희를 맞아 지난 공직생활을 한번 정리해 보는 마음으로 담담하게 쓰려고 노력했으나 문재文才가 따르지 않아 뜻대로 되지 않았음을 고백한다. 부적절한 표현, 의사전달에 문제가 있는 부분이 있더라도 널리 헤아려 주시기 바란다. 이 책을 출판해 주신 모아드림의 손정순 사장님과 편집자의 노고에 깊은 감사를 드리며 원고를 잘 정리해 준 김은숙 씨에게도 고마운 마음을 전하고 싶다.

2008년 11월

서영택

1부

조세정책의
기틀을 다지다

세금은 우리 경제, 사회에 어떤 역할을 했나
—1960년대에서 1990년대 초를 중심으로

- 국세청의 발족과 세정의 개혁
- 1967년의 세제 개혁은 세수 증대가 목표였다
- 1970년대 조세정책의 특징
- 1980년대 조세정책의 흐름

부가가치세의 탄생

- 세정사에 대전환을 가져온 부가가치세
- 부가가치세에 대한 평가
- 하버드에서 처음 배운 부가가치세
- 김재익 박사와 조세 실무자의 논쟁
- 제도 개혁 추진 과정의 합리성과 민주성
- 부가가치세 시행의 막을 올린 1977년
- 세정 선진화에 밑거름이 된 부가가치세에 대한 소회

1장

세금은 우리 경제, 사회에 어떤 역할을 했나

—1960년대에서 1990년대 초를 중심으로

• • •

세금은 문명사회를 위하여 지불하는 대가다.

Taxes are what we pay for civilized society.

— Oliver Wendell Holmes(1841~1935, 미국의 법률가, 재판관.)

1980년에 세제국장으로 부임한 나는 제5공화국 격동기에 세제 개편에 참여하게 되고, 그 후 국세심판소장, 재무부 차관보(세정, 재정 담당)를 거쳐 1988년 3월 국세청장에 취임한 후에는 재임 기간(1991년 12월) 동안 부동산 투기 열풍과 전쟁을 치르게 된다.

1989년 국세청 개청 기념 다과회.

01

국세청의 발족과 세정의 개혁

1960년대로부터 1980년대 말에 이르기까지 세금이 시대별로 우리나라 경제, 사회에 어떤 역할을 해 왔는지 대체적인 흐름과 두드러진 특징을 우선 살펴보고자 한다.

우선 1960년대를 보자. 1962년 1월에 제1차 경제개발 5개년 계획이 마련되고 이를 수행할 경제기획원이 탄생되었다. 그리고 1967년부터 제2차 경제개발 5개년 계획이 추진되었다. 이렇게 1960년대 초에 출발한 종합 경제개발 계획에는 재정 부문이 투자 재원의 조달이나 투자의 증대에 있어서 주도적인 역할을 하도록 계획되었고, 이에 따라 재정수입의 근간을 이루는 조세수입의 증대는 불가피하였던 것이다.

그래서 1966년 3월에 오늘의 국세청이 발족되었는데, 이때가 제2차 경제개발 5개년 계획을 준비하는 해였고, 재정을 자립하고 경제개발을 위한 투자 재원을 효율적으로 확보하자는 시대적 요청에 따라 국세청이라는 독립 징세 기관이 탄생하게 된 것이다. 국세청 탄생 전 1965년도 세수는 418억 원이었는데 국세청이 발족한 1966년도에는 세수 목표를 700억 원으로 설정해 705억 원을 징수해서 그전 해와 비교해서 바로 세수가 68.6% 증가되는 획기적인 상황이 벌어졌다.

당시 초대 국세청장이던 이낙선 씨는 국세청장 관용차 번호마저 700번으로 하고 700억 원 세수 달성을 위한 진군 지휘에 국세청 전 직원이 총출동하였던 것이다. 그때는 내가 공군 장교 복무를 마치고 공직생활을 처음 시작한 해였다.

당시 700억 원의 세수 확보는 우리나라 재정사에 새로운 계기를 마련하게 된다. 제1차 경제개발 계획이 시작되었던 1962년, 일반 재정수입에 대한 조세수입의 비중이 내국세와 관세 모두 합쳐서 겨우 30% 정도였다. 그런데 국세청이 발족했던 1966년도에 700억 원이 달성되어서 일반 재정수입에 대한 조세수입 비중인 재정 자립도는 57%로 높아졌다. 그리고 10년 후인 1976년도에는 80%로, 또 그 10년 후인 1986년도에는 86%로 높아졌고, 1992년도에 처음으로 90%를 상회하게 되었으며, 현재까지 90~95%의 비중을 유지하고 있다. 국세청 발족으로 재정수입의 거의 대부분은 조세수입, 특히 내국세 수입으로 채워졌고, 이점에서 우리나라 정부 수립 이후 정부 기구를 만들어서 크게 성공한 것이 국세청 발족이라고 본다.

그런 면에서 당시 박정희 대통령 때 국세청을 발족시킨 것은 참으로 잘한 일이라고 생각한다. 물론 이 때문에 국민들의 세금 부담이 더 늘어나긴 했으나, 그것은 세율 인상보다도 강력하고 효율적인 세정 집행에 따라 과세표준이 양성화되고, 그 동안 탈루되었던 세금을 올바르게 징수한 데 그 주되는 이유가 있었다고 본다.

02

1967년의 세제 개혁은
세수 증대가 목표였다

1967년은 제2차 경제개발 5개년 계획이 추진된 해로 우리나라 세정 발전사에서 처음으로 재정수입, 특히 조세수입 확충을 위한 대대적인 세제 개혁이 단행되었다(이에 따른 국민들의 조세 저항과 에피소드는 나중에 얘기하기로 하고). 당시 세제 개혁의 기본 방향은 경제개발의 지원, 세수 증대와 공평 과세, 세원의 확보, 세무 행정의 합리화 등으로 설정되었다. 그렇지만 솔직히 다른 방향은 들러리였고 주목표는 경제개발 지원을 위한 개발 지원 세제, 특히 세수 확보가 주였다.

법인 세율을 대폭 인상하고 상속 증여세의 최고 세율은 30%에서 70%로 대폭 인상하였다. 또 자본소득Capital gains에 대한 과세로 과세 대상 지역(서울, 부산과 그 인접 지역) 토지의 자본이득에 50%의 세율이 적용되는 소위 '부동산투기억제세'가 처음 도입되었다.

부동산 투기는 경제개발의 시작과 더불어 1960년대 후반부터 고개를 들기 시작했고, 이후 내가 공직생활을 그만둘 때까지 부동산 투기와 벌인 전쟁은 이때부터 거의 10년을 주기로 계속되어 왔다. 지금 생각하면 부동산 투기는 이 좁은 국토에서 경제개발과 국민경제의 향상에 따른 피할 수 없는 사회경제 현상이었고, 이 문제를 멀리까지 내다보고 장기 경제개발에 따른 국토의 효율적인 이용 관리를 위해 정부가 제대로 정책 관리를 못해 온 것이 오늘날에도 이어지고 있는 부동산(주택, 토지) 정책 실패의 뿌리가 되고 있다고 본다. 여하튼 1967년 부동산투기억제세는 이렇게 투기 억제와 자본이득 중과라는 이중 목적으로 도입은 하였으나, 이 두 가지 목적의 충분한 달성에는 실패했다고 평가하고 싶다.

그러나 공지 보유에 따른 미실현 이득에 대해 2년마다 부과되는 부동산투기억제세의 내용은 미실현 이득에 대한 과세의 어려움으로 공지 과세 제도는 1968년 3월에 폐지되었지만 부동산 투기 억제를 위한 공지 과세 제도의 발상은 1989년 12월에 입법된 개발 부담금과 토지초과이득세의 형태로 부활하게 된다.

1967년은 내가 국세청에서 재무부 세제국으로 이동하여 처음으로 조세정책에 관여하기 시작한 뜻 깊은 해이기도 하였다. 1967년 7월 재무부 세제1과 조세정책을 총괄하는 담당 사무관(지금은 기획재정부 세제실 조세정책과장)으로 발령이 나서 1967년 세제 개혁 내용을 총괄하는 임무를 맡게 되었다. 1967년에 이루어진 세제 개혁은 이런 세수 증대 이외에 경제개발 지원을 위한 중요한 정책들을 많이 도입하였다.

이를테면 공개 법인의 육성을 위해 공개 법인과 비공개 법인에 적용되는 법인세율에 차등을 두고 저축 증대와 소비 억제를 위해 특정 저축(예, 국·공채, 정부 보증채권, 증권 등)의 이자에 대해서는 면세를 하였다. 그리고 사치성 소비 억제를 위해 고급 주종酒種에 중과하고, 물품세 과세 대상 품목을 46개에서 81개 품목으로 대폭 확대하였으며, 세율을 최고 5배까지 인상하였다. 한마디로 1960년대는 국세청이 발족하고, 1967년 세제 개혁과 세수 증대를 중심으로 경제개발을 지원하는 개발 지원 세제의 기틀을 마련하는 데 초점을 맞춘 세정사였다고 볼 수 있다.

1970년대 조세정책의 특징

1970년대의 시대적 배경을 잠깐 보면, 1970년대는 제3차 경제개발 5개년 계획이(1972~1976) 있었고, 1977년~1979년은 제4차 경제개발 5개년 계획(1977~1981)의 전반기에 해당하는 기간으로, 이 기간 동안 재정 운영의 방향 중 조세정책과 관련되는 것은 조세 부담의 적정화, 자주국방 지원, 그리고 경제의 지속적인 성장에 초점을 두는 개발 지원 세제의 역할에 더욱 중점을 두었는데, 특히 중화학공업 등 전략산업의 육성과 자산 소득에 대한 세제상의 우대로 투자 지원을 조달하는 측면이 강조되는 정책이 이어졌다. 한편 1972년의 8·3 조치와 1974년의 국민 생활 안정을 위한

1·14 대통령 긴급조치도 1970년대 조세정책의 흐름에 큰 영향을 주었다.

첫째, 두드러진 조세정책은, 1975년 그 이전의 소득세의 소득 종류별 분류 과세 방식에서 더욱 완전한 종합과세 체제로 종합소득세제가 확립이 된다. 이로써 소득세의 수직적 수평적 공평 기능을 높이고 저소득층에는 소득세 경감, 고소득층에는 55%의 최고 세율이 누진 과세되도록 하였다.

둘째는 우리 세정사의 획기적인 조치로, 부가가치세와 특별소비세가 도입됨으로써 과거 개인의 소비 선호와 자원 배분의 왜곡을 가져왔던, 옛 간접세 제도를 완전히 개편했다. 간접세 구조를 간단하게 하면서 산업구조의 중립성을 유지하고, 세수 증대 기여, 수출과 투자 촉진, 세정의 합리화를 기할 것이라는 목표 아래 대대적인 세제 개혁을 단행했다. 부가가치세의 도입과 시행에 얽힌 이야기들은 추후에 자세하게 다시 하기로 하겠다.

셋째는 1975년 상반기 베트남의 공산화에 자극 받아 정부는 자주국방을 지원하기 위해 한시적으로 방위세를 신설하게 된다. 방위세 신설로 1975년에서 1980년까지 전체 방위비의 36%에 해당되는 재원을 방위세로 조달하게 된다. 1970년대의 세정의 흐름은 공평 과세, 경제개발의 계속적인 지원, 지속적인 세수 확보, 투자, 수출 지원, 세정 합리화로 요약할 수 있다.

나는 1973년부터 1975년까지 재무부 직접세 담당 과장으로 1974

년 세제 개혁을 담당하면서 종합소득세 제도를 도입하고, 부가가치세 제도 도입 전 단계에 깊이 관여하게 되었다. 그리고 1977년 2월 국세청 간세국장으로 부임하여 그해 7월부터 처음 시행하게 되는 부가가치세 시행 준비와 그 후 집행을 총괄하는 임무를 3년 6개월간 맡게 된다.

04

1980년대 조세정책의 흐름

1980년대는 경제정책의 일반적인 기조가 전체적으로 민간 자율에 의한 시장경제 창달에 두어졌다. 따라서 이 기간에는 조세정책도 기본적으로 조세의 중립성을 통한 경쟁 촉진과 시장경제 체제의 확립에 역점을 두게 되었다. 또한 성장 위주의 경제개발에서 부문 간 균형 발전과 저소득층 보호라는 분배 측면이 강조되면서 근로자 등 저소득 계층에 대한 세 부담의 형평성을 위한 세제 개혁이 1980년과 1981년에 이루어졌다.

정치적으로도 제5공화국이 시작된 해로 조세 면에서도 국민들에게 새로운 면을 보여주어야만 했다. 이에 따라 1980년대 초(1980,

1981) 또 한 차례 대대적인 세제 개혁을 단행하게 된다. 주요 방향과 내용을 요약하면,

첫째, 조세감면규제법을 전면 개편하였다. 특정 산업에 대한 조세 지원을 대폭 축소하는 대신 기술, 인력 개발과 중소기업을 중심으로 한 기능별 지원을 강화함으로써 조세의 중립성을 유지하면서 생산성 향상을 통해 경쟁력을 높이는 데 초점을 두었다. 이에 따라 조세 지원 방식도 세액 감면이나 투자 세액 공제 등 직접 감면 방식에서 특별 상각이나 투자 준비금 제도 등 간접 지원 방식으로 전환하여 조세의 중립성을 회복하려고 노력하였다. 특히 일반 법인에 대해서는 조세 지원의 종합 한도제를 신설하고 법인세를 면제받던 공공 법인에 대하여도 5%의 최저한세minimum tax를 과세하도록 하였다.

둘째, 이렇게 한편으로는 조세 감면을 대폭 축소하는 대신 이로써 발생하게 되는 세수 증대 분만큼 저소득층, 특히 근로소득 계층의 세 부담을 대폭 경감하여 더욱 공평한 세제가 되도록 하였다. 이에 따라 법인세율과 소득세율의 인하와 더불어 소득세의 인적 공제나 근로소득 공제의 확대, 장애자나 노인에 대한 특별 공제 등을 신설했다.

셋째는 1980년데 후반 들어 경제성장과 국민들의 소득 수준 향상에 따라 토지와 주택에 대한 수요가 급증하기 시작했고, 토지 소유가 편중되어 있는 상황에서 지가와 주택 가격이 급등하고, 이에 따

라 가수요까지 겹쳐 자본이득Capital gains이 특정 계층에 집중되는 등의 사회경제적인 부작용이 엄청난 사회문제로 번지기 시작하였다. 1970년대 후반부터 나타나기 시작했던 부동산 투기가 10년 주기로 또다시 일어나기 시작했던 것이다. 이에 따라 지가 안정과 자본 이득 환수를 위해 양도소득세가 강화되었고, 토지 공개념을 처음 도입하게 되고, 이와 더불어 지방세로서 종합토지세, 국세로서 소위 토지초과이득세란 극한 처방까지 나오게 되었다(토지초과이득세의 도입과 시행, 폐지에 관해서는 추후 설명할 것임).

넷째는 1981년부터 1985년까지는 교육 기반의 확충을 위한 교육세가 신설(1982년 시행)되었다.

1980년대의 조세의 흐름은 기업에 대한 세율(법인세율, 소득세율)도 대폭 낮추는 한편 특정 산업에 대한 조세 감면 제도를 전면 개편하였다. 그리하여 우리나라 경제의 국제경쟁력을 높이고 성장 잠재력을 배양하는 한편 조세 감면 축소에 따른 세수는 근로자 등 저소득 계층에 대한 조세 감면으로 돌리는 등 더욱 공평한 과세 제도를 마련하는 데 역점을 두었다고 보고, 1980년대 후반에(1987년부터) 들어와서는 부동산 투기와 관련된 조세상의 조치를 파격적으로 시행한 것이 특징의 하나라고 하겠다. 이 조치로 부동산 투기는 그 이후 얼마 동안 진정이 되고 토지 보유에 대한 국민들의 인식에도 상당한 변화를 가져온 것으로 보인다.

나는 1980년에 세제국장으로 부임하여 앞서 설명한 제5공화국 격동기 세제 개편에 참여하게 되고 그 이후 국세심판소장, 재무부 차관보(세정, 재정 담당), 그리고 1988년 3월 국세청장 취임 이후 재임 기간(1991년 12월) 동안 부동산 투기 열풍과 전쟁을 치르게 된다.

2장
부가가치세의 탄생

우리나라 세정사稅政史에서 부가가치세만큼 정치, 경제, 사회적으로 큰 영향을 준 세금은 없다고 본다. 부가가치세 초기 도입 단계에 정부 내(청와대와 옛 재무부)에서도 도입과 도입 시기 문제로 찬반양론이 팽팽했고, 사업자들로부터의 조세 저항도 이에 못지않게 격심했다. 물가, 유통 질서, 상거래 관행 등에 미친 영향은 어느 세금보다도 컸다고 할 수 있겠다.

제1회 PC 경진대회가 열린 교육원 순시.

01

세정사에 대전환을 가져온
부가가치세

신세新稅는 악세惡稅란 말이 있다. 새로운 세금은 아무리 그 신설 목적에 타당성과 정당성이 있고 이론적으로 완벽하다 해도 국민에게는 일단 새로운 세 부담을 안겨 주고, 또 일상 경제 생활에 새로운 불편과 신경을 쓰게 만드니까 정부가 아무리 홍보를 하고 국민을 설득해도 '새로운 좋은 세금'이란 있을 수가 없다.

때문에 신세新稅를 만들 때는 신중에 신중을 거듭하여 일어날 수 있는 모든 상황을 열 번 백 번이라도 심사숙고하여 법을 제정하고, 또 시행에 들어가서도 새로운 납세자들의 불편 사항을 구석구석 살피고, 어려운 사정은 경청을 하며, 세금 납부에 따른 절차상의 불편은 최대한 줄여 주도록 노력해야 할 것이다.

나는 공직생활의 대부분을 조세 업무와 씨름을 해 왔고, 그 중에서도 새로운 세금을 만들고 또 집행하는 일에 직·간접으로 관여했다. 공교롭게도 우리나라 세정사에 큰 획을 긋는 부가가치세 제도 도입 초기 단계에 관여하고, 그 후 이 신세의 초기 시행 단계의 실무 총책임자(국세청 간세국장)로 3년 6개월간 집행을 맡았고, 두 번째는 지금은 역사에서 사라졌지만 토지초과이득세(1989년 시행~1998년 폐지)란 특종 세금의 집행을 총괄했다(당시 국세청장 1989~1992).

이 두 가지 신세의 도입과 시행에 얽힌 이야기들을 해 봄으로써 새로운 세금을 만들고 집행하는 일이 정책 입안자나 집행 책임자들에게는 얼마나 피를 말리는 일이고, 납세자 국민들에게 얼마나 큰 부담과 불편을 주는 일인지를 알려주고 싶은 심정에서 이 글을 쓰고자 한다. 그리고 그 당시 공직자들의 일에 대한 열정과 이를 이끌어 낸 지도자의 역량도 남기고 싶은 이야깃거리다.

02 부가가치세에 대한 평가

우선 부가가치세 제도는 1977년 7월 시행, 9월 25일 첫 예정신고가 있었다. 그러니까 부가가치세가 도입된 지 올해로 31년이 된다. 2007년 기준 내국세 세입예산 117조 5895억 원 중 부가가치세 세입예산이 41조 1631억 원으로 35%를 차지하고 있다. 우리나라 세수의 약 1/3이 부가가치세 세수로 충당되고 있으니 우리나라 재정수입의 큰 효자 노릇을 하고 있다. 납세 인원은 2006년 기준으로 4,891,024명이 된다.

우리나라 세정사稅政史에서 부가가치세만큼 정치, 경제, 사회적으로 큰 영향을 준 세금은 없다고 본다. 부가가치세 초기 도입 단계에 정부 내(청와대와 옛 재무부)에서도 도입과 도입 시기 문제로 찬반 양론이 팽팽했고, 사업자들로부터 받은 조세 저항도 이에 못지않게 격심했다. 물가, 유통 질서, 상거래 관행 등에 미친 영향은 어느 세금보다도 컸다고 할 수 있겠다.

지금 이 시점에서 부가가치세 도입과 시행에 관한 평가를 해 본다면 초기 단계 사업자들의 조세 저항과 정치, 경제, 사회적인 여러 가지 갈등과 대립을 야기하고 또 그 당시 물가에도 악영향을 미쳤다는 점은 부인할 수 없을 것이다. 그러나 이 부가가치세 제도 도입 당시에 기대했던 수출 증진, 투자 촉진, 당시 영업세 제도 하에서 이루어진 인정과세 시정 등은 상당한 효과가 있었을 뿐 아니라, 무엇보다도 그 이후 안정적인 세수 확보에 크게 기여했다는 점에서 부가가치세 도입은 성공한 조세개혁으로 평가하고 싶다.

그 당시에는 드러내 놓고 이야기하지 않았지만 부가가치세를 도입하면 과세표준과 음성 세원이 양성화되어 점차 세수가 증가될 것이라고 기대를 했는데 결과적으로 세율을 10%로 유지했음에도 그 이후 세수가 엄청나게 증가되었고, 과세표준의 양성화, 유통 거래 질서의 개선, 영수증 주고받기와 같은 상거래 관행에 따른 국민들의 의식구조의 변화 등에 상당한 효과가 있었다고 본다. 그래서 부가가치세 도입을 적극 주장했던 분들의 부가가치세 제도의 이론적 장점이 아직도 완벽하게 이루어지고 있지는 않지만 큰 목표(특히 세수 확보)는 달성된 게 아니냐 하는 긍정적인 평가는 할 수 있을 것으로 본다.

당시 박정희 대통령이 국가 재정수입 확보와 더불어 효율적이고 과학적인 새로운 조제 제도가 뭔지, 그리고 탈세를 막을 수 있는 방법이 없는지 조세제도 전반에 관하여 깊은 관심을 표명하므로 경제 수석 보좌관으로 있던 김재익 박사가 김정렴 비서실장을 통하여 대통령께 보고한 것이 부가가치세 제도 도입의 첫출발이었다고 한다.

당시 부가가치세 제도 도입 시행과 직접 관련된 분들을 당시 직책으로 소개하면 다음과 같다. 김정렴 청와대 비서실장, 김용환 경제 수석(뒤에 재무부 장관이 됨), 남덕우 재무부 장관(뒤에 부총리, 총리 역임), 김재익 청와대 경제 수석 보좌관(뒤에 청와대 경제 수석이 됨, 미얀마 아웅산 사건으로 순국), 배 도 재무부 차관보, 최진배 재무부 세제국장, 서영택 국세청 간세국장, 강동구 재무부 국제조세과장, 강만수 재무부 직세과장(뒤에 재무부 차관, 기획재정부 장관 역임), 김종인 서강대 교수, 외국 전문가로 IMF 고문 James C. Duignan(전 아일랜드 국세청장), IMF의 Alan A. Tait 교수, 고재일 국세청장(뒤에 건설부 장관 역임), 김용진 국세청 부가가치세 1과장(뒤에 과학기술처 장관 역임), 김창수 부가가치세 2과장, 강성호 당시 국세청 물가 담당 과장 등이다.

03
하버드에서 처음 배운 부가가치세

내가 1968년 8월 미국 하버드 법학 대학원International Tax Program, ITP에서 수학하고 있을 때였다. 당시 조세 정책과 관련해서 난생처음으로 부가가치세Tax on Value added란 세금을 배우게 되었다. 대학 다닐 때는 들어보지도 못한 새로운 조세 이론이었다. 지금도 은사이신 올리버 올드만Oliver Oldman 교수의 부가가치세에 관한 강의 내용이 생생하다. 매상세Sales Tax란 제목으로 시작해서, 이 매상세Sales Tax는 다시 단단계單段階, 다단계多段階 매상세, 그리고 부가가치세로 분류하고, 단단계 매상세는 다시 제조 단계, 도매 단계, 소매 단계 매상세로 분류된다.

미국의 경우 주 매상세는 소매 단계 매상세라고 설명하고, 당시 미국 정부에서는 법인에 대한 소득세를 없애는 대신 부가가치세를 도입하려는 논의가 있다는 이야기를 해주었다. 우리나라에는 영업세가 있었는데, 이 이론에서 보면 다단계 매상세에 해당되는 것이었다.

부가가치세는 이론적으로 완벽하고 우수한 제도지만 집행 면에서 여러 가지 어려움이 있다는 설명도 해주었고, 유통 질서, 계산서 주고받기 등이 어느 정도 정착되어 있는 선진국(당시는 유럽 몇몇 나라)에서 시행되고 있다고 했다. 이것을 그때에는 별로 큰 관심 없이 들었으나 다소 흥미로운 제도라고 생각되었다.

그로부터 세월이 흘러 1973년 내가 재무부 세제국(현재는 기획재정부 세제실) 직접세 과장으로 있을 때 청와대 경제 수석(당시 김용환 수석) 보좌관으로 있던 김재익(나중에 경제 수석이 됨) 씨가 나를 보자고 했다.

김재익 박사는 미국에서 공부할 때 부가가치세 제도에 관해 많은 관심을 갖게 되어 이 세제의 장점에 매료된 사람으로 보였다. 커다란 종이에 도표로 부가가치세 제도의 이론적 장점을 일목요연하게 정리해서 나에게 자세하게 설명을 해 주면서, 이 제도가 도입이 되면 우리나라 조세제도에 혁명을 가져올 수 있다고까지 말하고, 우리와 같이 이 부가가치세 제도 도입에 함께 힘을 모으자고 제안했다.

김 박사는 정말 머리도 우수하고 논리가 정연한 분이었다. 한 치의 틀림도 없이 수학 문제를 푸는 방식으로 부가가치세 제도의 이론적 장점을 입에 침이 마르도록 몇 시간을 설명하고 나를 설득하려고 했다. 나도 미국에서 부가가치세 제도에 관해 나름대로 공부를 한 사람이라 그 이론적 내용은 다 알고 있었다. 그러나 김 박사처럼 당시 우리나라 조세제도의 문제점(이를테면 영업세 제도 하의 인정과세 등)과 연관시키고, 수출 촉진, 투자 촉진 등 경제 정책적인 문제와 연관시켜 이 부가가치세 제도의 도입을 생각해 본 적은 없었다. 나는 이 제도가 이론적으로 완벽하리만큼 우수한 조세지만 아직 우리나라 시장 유통 질서의 수준에서는 시기상조라고만 생각하고, 그러나 언젠가는 한번 도입을 해 볼만 한 제도라고 생각하고 있던 터였다.

사실 미국 연수를 끝내고 돌아와서 당시 국세청 세무 공무원 교육원에서 교관 생활을 잠시 할 때(1969년) 매상세와 부가가치세 제도에 관해 교육원 교관을 상대로 강의를 한 번 한 적이 있었는데, 당시 여러분들이 대단한 흥미를 가지고 경청을 한 적이 있다. 어떻든 김 박사의 이야기를 듣고 나의 반응은, 이론적으로는 완벽하지만 집행 면에서 여러 가지 어려움이 있을 것이다. 우리나라 경제, 시장 질서 면에서 아직은 도입이 시기상조라고 본다고 답하였다.

그로부터 1년 내내 김 박사는 끈질길 정도로 김용환 수석, 남덕우 당시 재무부 장관 등을 설득시켜 거의 이 두 분이 부가가치세 제도에 매료되어 버렸다. 특히 남덕우 장관은 당시 인정과세를 없애는 데는 이 제도밖에 없다고 이야기할 정도로 큰 호감을 가졌다. 한번은 남덕우 장관이 나와 김 박사, 당시 최진배 세제국장을 자기 방에 불러 토론을 벌이게 했다(1974년. 자세한 내용은 뒤에 설명). 남덕우 장관은 우리의 토론을 듣기만 했다.

당시 토론 중 특기할 만한 사항은, 김 박사는 이 부가가치세 제도를 도입하고, 그 대신 법인세 제도를 없애자는 이야기까지 했다. 이론적으로는 가능한 일이기도 했다. 나와 최진배 국장은 이런 이야기를 했다. 아직 시기상조다. 지금 대만에서도 부가가치세 제도를 지난 몇 년 동안 도입을 검토하고 있는데 아직도 도입을 안 하고 있다. 미국이나 일본도 마찬가지 입장이다. 대만에서는 당시(1973년) 법안까지 만들었으나 시행을 유보하고 있었다. 그리고 부가가치세 도입과 동시에 법인세 제도를 폐지하고 있는 나라가 없다. 대만도 마찬가지다. 그러자 이 대목에서 남덕우 장관께서 대만의 상황이 사실이냐고 물었다. 나는 확실하게 답변해 드렸다. 1973년에 대만을 다녀온 적이 있고, 그 나라 조세제도와 집행을 시찰해 보았기 때문이었다. 그 이후 김용환 씨가 재무부 장관으로 부임하고, 남덕우 장관이 부총리 겸 경제기획원 장관으로 영전하였다.

김용환 장관이 재무부 장관으로 취임하게 되면서 부가가치세 제도 도입 문제는 더욱 구체화되기 시작했다. 김용환 장관은 원래 금융통이지만 조세제도에도 많은 관심을 가지고 부가가치세 제도 도입을 적극 재검토하라고 지시하였다. 이미 청와대 경제 수석으로 있을 때 김재익 박사로부터 소상하게 설명을 듣고, 또 이 새로운 조세제도에 대해서 신기하게 느낄 정도로 매료되고 애착을 가지고 있었다.

당시 우리나라 조세제도와 행정을 개혁하고 싶어 했던 김 장관의 입장에서도 딱 맞아 떨어지는 제도 개혁 방안이었다. 당시 시대 상황(1973년 이후)으로 보아 우리나라의 복잡한 세제를 단순화하고, 수출과 투자도 촉진하고, 또 세정의 고질적인 병폐인 인정과세를 시정할 수 있는 특효약이라고 굳게 믿고 있었다. 김재익 박사로부터 완전히 설득 당한 상태였다.

그러나 나와 당시 세제국장 최진배 씨, 배 도 세정 차관보는 앞서 말한 이 제도 도입에 따른 여러 가지 문제점, 아직까지는 시기상조라는 점, 그리고 당시 영업세 제도(다단계 매상세) 하에서 특정 목적의 거래(제조, 도매 단계)의 경우 거래 원천 징수 제도(거래할 때 물건을 파는 사람이 사가는 사람으로부터 거래 대금의 0.5%~2%에 해당하는 세금을 사전에 원천징수하는 제도, 나중에 영업세 본 신고할 때 이미 납부한 원천징수 세액을 공제해 주는 제도)라는 것이 있는데, 이것이 부가가치세 제도와 매우 유사하기 때문에 당시 영업세 제도 하에서 이 거래 원천징수 제도를 특정 품목에서 어느 정도 일반화하여 품목을 확대하는 방식으로 2, 3년 시행해 보고, 그 과정에서 영수증 주고받기 질서가 어느 정도 정착이 되면 그때 가서 부가가치세를 도입하자는 것이 우리들의 주장이었다.

어떻게든 김 장관을 잘 설득하여 1974년 일단 거래 원천징수 제도를 확대 개편하여 시행해 보기로 하였다. 이런 과정에서 부가가치세 시행을 전제로 일단 법안은 만들어 보기로 하였다.

그래서 나온 초기 부가가치세 입법 초안의 이름이 거래세 법안이었다. 그 후 나는 1975년 4월 승진하여 대전 지방 국세청장으로 자리를 옮겼다. 요사이 인사 관행으로 보면 그 당시 재무부의 과장이 지방 국세청장으로 승진한 것은 파격적인 인사였다. 김용환 장관이 앞으로 세제국장으로 일을 다시 하려면 일선 실무 경험이 필요하다 하여 나를 특별히 배려하여 준 것이다.

그 뒤 부가가치세 제도는 내가 재무부를 떠나고 난 후 다시 논의를 거듭하다 1976년에 부가가치세법으로 국회를 통과하여 그 해 12월 22일 새로운 세금으로 공포가 되고, 1977년부터 시행에 들어가게 되었다. 아시아 지역에서는 우리나라가 제일 먼저 부가가치세를 도입하게 된 것이다.

부가가치세 제도의 공과와 우리에게 주는 교훈은 나중에 이야기하겠지만, 이 제도를 도입한 배경과 시행은 앞서 이야기한 대로, 첫 번째는 인정과세를 제도적으로 시정하겠다는 것, 두 번째는 수출과 투자를 촉진하는 효과를 크게 기대했고, 세 번째는 앞으로 과세표준이 점차 양성화되면 재정수입도 크게 증가할 것이라 예상했고, 네 번째 당시 여러 가지 간접세의 세금을 부가가치세와 특별소비세로 통합하여 우리나라의 간접 세제를 단순화하고자 하였다.

여하튼 부가가치세 제도의 도입은 우리나라 세정사에 큰 획을 그었고, 어느 세금보다도 그 당시나 그 이후에 정치, 경제, 사회적으로 가장 큰 영향을 준조세 제도였다고 본다. 이 충격적인 조세 개혁은 고인이 된 김재익 박사가 문제를 제기했고 김용환 장관의 소신과 추진력, 그리고 박정희 전 대통령의 용단으로 성사를 보게 되었다고 생각한다.

나는 문제를 제기한 초기에 담당 실무 과장이라는 인연으로 제도를 도입하는 초기 단계와 준비에 관여하였기 때문에 그 후 1977년 2월 신세新稅인 부가가치세의 집행을 총괄 지휘하는 담당 국장으로 자리를 옮기게 된다.

04

김재익 박사와 조세 실무자의 논쟁

그것은 한 마디로 이상과 현실의 싸움이었다. 지금까지 새로운 조세제도 도입(이를 테면 종합소득 세제, 부동산 투기 억제세, 전화세, 방위세, 교육세, 토지초과이득세 등)에 즈음해서 부가가치세 제도만큼 그 도입에 따른 당위성과 현실 여건 사이에 많은 논쟁을 벌인 예가 없었다.

조세제도의 새로운 제정과 개정은 주무 부서인 그 당시 재무부가 주관하여 추진해 왔으나 부가가치세 제도는 김재익 박사가 문제를 제기하고, 당시 청와대 경제 수석이던 김용환 장관, 김정렴 비서실장, 남덕우 당시 재무부 장관 등을 설득해서 그분들이 박정희 대통령께 보고하고, 박 대통령께서도 '그거 아주 좋은 것 같은데 한번 추진해 보라' 는 내락을 받고 김재익 박사가 처음으로 발 벗고 나선 것이다.

앞서 언급한 대로 김재익 씨는1973년 처음으로 나(당시 재무부 직세과장)를 청와대에 있는 자기 방으로 불러 거의 3시간여에 걸쳐 부가가치세 제도의 장점과 도입의 당위성에 대하여 우선 담당 소관 부서 과장인 나부터 설득하고 이해를 시키기 시작했다. 설득이라기보다 거의 선생이 학생을 가르치는 식으로 나에게 논리 정연하고 이론적으로 완벽하게 그 도입의 당위성을 이해, 설득시키고자 했다.

첫 번째로 부가가치세는 납세자 간의 물건을 사고파는 거래의 상호 대사Cross Checking가 가능하기 때문에 어느 조세보다도 탈세하기가 어렵고, 이 제도 하에서는 우리 세정의 고질적인 병폐인 인정과세도 없어지게 된다.

두 번째로 이 세금의 상호 대사 기능 때문에 사업자들의 과세표준이 자동으로 양성화되고 이에 따라 세수도 증대될 것이다.

세 번째는 부가가치세는 국내, 국제 거래에 있어서도 어느 세금 제도보다 중립적이다. 그 당시 영업세 제도Turnover Tax(이론적으로 다단계 매상세에 해당됨)는 물건이 제조, 도매, 소매의 유통 단계를 거치면서 세금에 세금이 붙는 세금 누적적 제도이지만 부가가치세

제도 하에서는 전 단계 세액(소위 매입 세액input tax을 매출 세output tax에서 공제함)을 공제해 주기 때문에 어느 단계에서든지 세금을 분리할 수 있어 조세의 중립성을 유지할 수 있고, 특히 수출에 대하여는 전 단계 매입 세액도 공제되고 매출은 0세율 적용으로 수출을 촉진하는 효과가 있다. 또 투자의 경우 기계, 설비, 원자재 등을 구입할 때의 매입 세액은 미리 공제되므로 투자도 촉진될 수 있다.

네 번째는 우리나라의 복잡한 간접세 제도(당시 간접세 세목이 13세목으로 굉장히 복잡한 체계)를 부가가치세로 단일화할 수 있어 조세제도를 아주 단순화할 수 있고, 이론적으로는 법인세까지 없애고 부가가치세로 단일화할 수 있다(부가가치세는 결국 매출 이익value added에 대한 세금이므로 법인 또는 사업자에 대한 소득 과세는 이중과세가 되므로 없애야 된다는 논리). 이 얼마나 환상적인 세금인가? 책상 크기만 한 종이에 도표로 하나하나 설명하는 김재익 박사의 표정에는 이 제도에 대한 자신감과 자기 성취에 대한 만족감, 그리고 조세제도 개혁에 대한 보이지 않는 정치적 야심도 엿보였다.

김 박사는, "우리 다 같이 힘을 합쳐 이 훌륭한 제도를 도입해 봅시다."라는 말로 설명을 끝냈다. 나도 얼마 전 미국에서 매상세, 부가가치세 제도에 관해 공부를 하고 온 사람이었지만 김 박사가 이렇게까지 우리나라 경제 상황과 당시 조세제도와 행정의 문제점까지 아울러, 일거양득이 아니라 일거삼득, 사득까지 해결할 수 있는 방책을 그려내는 데는 정말 소름이 끼칠 정도로 놀라웠다.

정말 학자 출신으로는 대단한 분이라는 생각을 하면서도 무서운 분이구나, 일을 낼 사람이구나, 이렇게 순간적으로 김 박사에 대한 첫 인상을 새겼다. 그러면서도 조세 전문가이고 재무 관료인, 그리고 이 제도를 이 사람 말대로 시행하게 되더라도 결국 모든 책임을 져야 할 실무 책임자로서 나는 문제점을 조목조목 설명하지 않을 수 없었다.

첫째 재무부도, 나 자신도 부가가치세 제도의 이론적 당위성에 대해서는 이의가 없었다. 다만 조세제도의 급격한 개혁은 국민경제 생활과 국가경제에 미치는 영향이 크기 때문에 현실적 여건을 고려하여 그것을 실시하는 시기와 방법을 신중하게 고려하여야 한다. 재무부도 이 제도에 관하여 깊은 관심을 가지고 장기적인 세제 개혁 방향으로 우선 종합소득세 제도를 전면 실시(1974년)하고, 그 이후 부가가치세 도입을 검토하겠다고 1971년에 발표한 바 있다.

사실 내가 1973년부터 재무부 직세과장으로 있을 때 종합소득세 제도의 완전 실시를 위한 법안이 1974년 국회에서 통과되어 1975년부터 시행하게 되어 있는데, 또 뒤따라 부가가치세 제도라는 엄청난 세제 개혁을 단행한다는 것은 납세자들에게 커다란 혼란과 큰 부담을 주게 된다.

둘째는 부가가치세 제도는 사업자들과 소비자들의 일반 상거래에 있어서 세금계산서(사업자 간 거래)와 영수증 주고받기(사업자와 최종 소비자 간 거래)가 기본적으로 관습화되어 있어야 하는데 아직 우리나라 상거래 유통 질서는 그렇지 않았다. 세금계산서와 영수증 주고받기가 그래도 어느 정도 상거래 관행이 되고 난 다음에 시행하는 것이 좋겠다.

셋째는 부가가치세 제도는 물건 값에 일정률(이를 테면 10%)을 부가하기 때문에 지금같이 물가가 오르고 있는 상황에서는 물건 값이 더 오를 가능성이 있기 때문에 타이밍이 좋지 않다. 그리고 우리보다 상거래 관행이 선진화되어 있는 미국, 대만에서도 오랫동안 검토해 왔으나 선뜻 시행을 못하고 있지 않느냐. 내가 1968~1969년 미국에서 연수하고 있을 때 올드만Oldman 교수가 부가가치세 제도에 관한 이야기를 하면서 미국 정부에서도 이 제도를 검토하고 있고, 심지어 도입하게 되면 법인 소득세까지 없애는 방안도 검토하고 있다는 강의를 여러 번 들었다. 그러나 미국 정부조차도 이 제도를 도입하는 일에 신중을 기하고 있고, 대만의 경우에는 내가 1971년에 대만을 방문했을 때 대만 재무성 조세국장 킹웨이신으로부터 오래 전부터 부가가치세 제도의 도입을 검토는 하고 있으나 우리와 비슷한 현실 때문에 도입을 미루고 있다고 했다.

김 박사와 가진 1차 대담은 대충 이 정도로 끝을 냈으나 김 박사는 서로 헤어지면서 끝까지 우리 함께 부가가치세를 도입하여 우리나라 세제를 대폭 개혁해 보자는 집념을 다시 한번 나에게 다짐했다. 그리고 나서 김 박사를 몇 번 다시 만난 적이 있고, 그럴 때마다 김 박사는 나를 설득하려고 무진 애를 썼다.

나도 고집스럽게 같은 입장을 되풀이했다. 아마 요즘 같으면 나는 그 자리에서 쫓겨나 일선 세무서장으로 좌천 발령이 났을 것이다. 그 이후 얼마 지나고 나서 남덕우 장관(당시 재무부 장관)께서 회의를 소집했다. 장관 회의실에서 남덕우 장관, 김재익 보좌관, 최진배 세제국장, 그리고 나, 네 사람이 다시 이 문제로 토의를 벌였다. 주로 김 박사 대 최 국장과 나와의 논쟁이었다. 물론 최진배 국장도 나와 같은 의견이었다.

그 당시 남덕우 장관과 김용환 경제 수석은 김 박사로부터 완전히 설득 당하여 세뇌가 되어 있는 상태였다. 남 장관은 학자 출신 장관이었고, 조세 분야 전문가는 아니었지만 김 수석과 더불어 평소 조세 분야 개혁에 깊은 관심을 가지고 있었다.

특히 김 수석은 잠깐이지만 1968년쯤 세정 차관보를 한 적도 있어 세정 분야의 중요성과 문제점을 파악하고 있었다. 그래서 두 분께서는 부가가치세 도입에 김 박사와 더불어 적극적인 입장이었고, 다만 도입했을 때 어떤 문제점이 있을 것인지를 담당 세정 차관보, 세제국장, 직세과장 등 소위 조세 전문 관료들로부터 의견을 듣고 싶어 했던 것이다.

특히 남덕우 장관은 부가가치세 도입에 따른 여러 가지 장점 가운데서도 그 당시 영업세 제도하에서 일어나고 있는 조세행정상 고질적 병폐인 인정과세문제가 해소될 것이라는 점에 환상적인 매력을 느끼고 있었다. 우리들(세제국장과 나)보고 부가가치세가 도입이 되면 부가가치세 제도의 사업자 간 거래의 상호 대사 기능cross checking mechanism 때문에 과세표준이 꼼짝없이 다 드러나게 될 것이니까 국세청의 인정과세 관행이 자동적으로 없어질 것이 아닌가 하고 이야기했다.

그러나 우리는 이 점에 관해서 중장기적으로 보면 인정과세 관행은 시정되겠지만 부가가치세 제도의 전제 조건인 사업자 간에 세금계산서 주고받기 관행이 정상적으로 정착되지 않는 한 부가가치세 제도의 장점인 과세표준 양성화는 그렇게 쉽게 이루어지지 않을 것이고, 사업자들은 어떤 방식으로든 세금계산서의 발행과 수취를 피하거나 변태적인 주고받기가 이루어질 가능성도 있다고 설명하였다.

왜냐하면 아무리 합리적이고 완벽한 조세제도를 도입한다 해도 어떻게 해서라도 세금 부담을 줄이려고 하는 것이 사업자들의 상거래 속성이기 때문에 탈세, 또는 절세를 위한 새로운 상거래 방식을 끊임없이 찾을 것이다.

그러나 부가가치세 제도는 다른 어느 조세제도보다 세 부담에서 빠져나가기 힘든 제도임에는 틀림없기 때문에 이런 점에서 이 제도를 잘 시행하면 과세표준을 양성화할 수 있고, 이에 따른 세수 증대에는 크게 기여할 수 있을 것으로 본다고 했다.

이렇게 김재익 박사, 재무부 세제 전문 간부 간의 논쟁이 몇 번 있고 난 다음 김용환 경제 수석이 재무부 장관으로 취임하고, 남덕우 장관은 경제기획원 장관 겸 부총리로 영전하셨다. 아마 1974년 초쯤으로 기억된다. 그리고 그 해 큰 세제 개혁이 있었다. 김 장관이 재무부 장관으로 취임한 뒤 다시 부가가치세 논의가 재개되고 일단 실무자들에게 재검토하라는 지시가 떨어졌다. 김 장관과 나의 인연은 내가 재무부 세제국 사무관 시절 김 장관은 재무부 이재국장이었으며, 1967년 세제 개혁이 끝난 다음 1968년에 세정 차관보로 자리를 옮겨 나의 직속상관이 되었다.

그러나 내가 얼마 있지 않아 당시 세정 차관보였던 정소영 씨가 1967년 세제 개혁에 수고가 많았다고 미국 연수를 다녀오라고 해서, 당시 미국 대사관에 가서 시험을 치르고 국제개발처United States Agency for International Development, USAID 자금으로 1968년 7월 미국 하버드 법과 대학원International Tax Program에 1년간 연수를 가게 되었다. 당시 김용환 차관보는 자기가 오자마자 미국으로 떠난다면서 나를 언짢게 생각했지만 가서 열심히 공부하고 오라고 기꺼이 보내 주었다.

그 당시에는 재무부 관료로 1년간이나 해외 연수를 가기는 내가 처음이었다. 나는 그 후 미국 연수를 다녀오고 나서 조세 정책 이론에 관한 한 재무부 세제국에서 거의 1인자가 되다시피 되고, 그 이후 승승장구 승진을 거듭하게 된다.

여하튼 해외 연수를 다녀온 후(1968~1969) 5년 후에 나는 재무부 직세과장으로 김용환 장관을 모시게 되었다. 1974년 세제 개혁을 주도하면서 완전한 종합소득세 제도를 도입(1975년 시행)하게 되고, 장관 지시에 따라 부가가치세 제도도 검토하게 된다.

그 동안 우여곡절 끝에 부가가치세 제도는 도입하기 전에 당시 영업세 제도 하에서 거래 원천징수 제도가 부가가치세 제도와 유사한 면이 있기 때문에 일단 거래 원천징수 대상 품목을 확대 시행해 보고, 이와 더불어 영수증 주고받기 범국민운동을 펴 어느 정도 상거래 관행이 되고 난 다음 부가가치세 제도를 도입하고 시행하는 것이 좋겠다고 생각하는 한편, 그 당시 물가가 오르고 있는 상황이라 타이밍도 좋지 않다고 보고 이를 김 장관께 보고 드리고, 1974년 세제 개혁에서는 거래 원천징수 대상 품목을 대폭 확대하는 방향으로 법을 고치게 되었다.

그러나 김 장관은 그래도 일단 부가가치세 법안은 한번 만들어 보라고 해서 내가 직세과장으로 있는 동안 만든 초안이 '거래세 법안' 이었다. 명칭을 일반소비세로 하느냐 거래세로 하느냐 하다가 거래세로 명칭을 정했다. 그리고 나서 나는 1975년 4월 대전 지방 국세청장으로 승진해 갔다. 그 이후에 결국은 1976년도 말에 부가가치세법이 제정되고, 그 다음해 1977년 7월부터 시행을 하게 되었다.

이 법이 도입되기 전까지 김재익 박사와 김종인 서강대 교수, 최진배 세제국장, 세제국 과장 몇 분이 유럽 현지 시찰도 다녀오고, 최진배 세제국장이 이 제도와 집행의 세밀한 내용을 파악하고자 그 당시 가장 최근에 부가가치세를 시행한 영국을 다녀오기도 했다. 그리고 1975년도에는 국제통화기금International Monetary Fund, IMF의 자문관으로 있던 James A. Duignan 씨(전 아일랜드 국세청장)와 당시 IMF 직원이었던 유시권 박사의 자문과 도움도 받았다.

James A. Duignan 씨는 두 번에 걸쳐 나와 인연을 맺었다. 1972년 내가 재무부 국제조세과장으로 있을 때 남덕우 장관의 요청으로 우리나라에서 한 달간 나의 방(국제조세과)에서 관계자를 면담하고, 자료를 수집하여 분석한 후 제출한 보고서가 「Report on the Feasibility of Introducing a unified Income Tax and value added Tax in KOREA」였다. 이 보고서는 종합소득세와 부가가치세 도입을 위한 타당성 조사를 목적으로 한 것이었는데, 종합소득세 부분은 1974년 소득세법 개정 때 참고하여 반영되었고, 부가가치세 부분은 그 이후 도입하고 집행할 때 많은 도움을 주었다고 생각한다.

그리고 나서 두 번째는 1977년 초 부가가치세 시행을 앞두고 다시 한번 James A. Duignan 씨가 와서 집행에 관한 아주 세밀한 세부 사항에 대하여 보고서를 만들고 자문을 하게 되었다. 이 분은 당시 연세가 많으신데도 정말 정열적으로 잠시도 쉬지 않고 일을 하여 우리나라 부가가치세 도입과 집행에 많은 자문과 조언을 했다고 본다.

특히 세율은 법정 세율(또는 적정 세수 확보 위한 조정 세율)이

13%였지만 집행상 10%로 하는 것이 좋겠다고 자문하여 실무상 10%를 받아들이게 되었다고 본다.

제도 개혁 추진 과정의 합리성과 민주성

현재 부가가치세는 우리나라 조세제도의 중추中樞를 이루고 있는 세금으로, 그 도입 과정도 어느 신세新稅보다도 이론과 현실 간의 논쟁과 우여곡절이 많았고, 또 초기 단계에 정치, 경제사회에 미친 영향이 컸다고 본다. 또 국민에게 새로운 부담을 줄 새로운 세금을 도입하고 조세제도를 개혁하는 데 가장 모범적이고 합리적인 정책 결정 과정이 되도록 당시 관계자들이 최선을 다했다는 점에서 앞으로 신세新稅를 만드는 데 하나의 교훈이 되었으면 한다.

지금까지 부가가치세 도입과 관련하여 쓴 내용은 주로 내가 관여한 내용이고 또 일부는 옆에서 보고 들은 이야기도 있지만, 그 이외 많은 분들이 관여하고 여기에서 이야기하지 못한 많은 일화가 있지만 다른 자료에서 언급을 하고 있기 때문에 여기에서는 생략하기로 한다.

부가가치세 도입 과정에서 특기할 첫 번째 이야기는, 문제를 제기한 곳은 당시 조세 담당 부서인 재무부 세제국이 아니라 청와대였다. 청와대 경제 수석 보좌관이었던 김재익 박사였는데, 이 분이 당시 경제 수석이시던 김용환 장관을 비롯하여 남덕우 재무부 장관, 청와대 김정렴 비서실장을 상대로 치밀하고 조리 있게 이해, 설득시켜 이 분들로 하여금 부가가치세 제도가 당시 조세정책과 행정의 모든 문제점을 해결할 수 있을 뿐만 아니라 한 걸음 더 나아가서 당시 경제개발 시대의 경제문제(수출, 투자 증대, 세수 증대)까지도 일시에 해결할 수 있는 구세주 같은 환상적인 세금 제도로 인식하게끔 만들었다.

물론 이 분들은 조세 전문가가 아니었고, 또 그 당시 사업자들의 현실적인 상거래 관행과 납세 풍토를 속속들이 잘 알고 있지는 않았지만 김재익 박사의 치밀하고 이론적인 설득력에 완전히 매료가 되었다고 본다. 이 분들은 그 당시 경제개발 시대의 주역이었고, 지식과 경륜이 뛰어난 분들이라 이 분들이 매료가 될 정도라면 그 당시 김재익 박사의 설득력은 학자 출신 관료로서 대단했다는 생각이

든다.

김 박사가 일차적으로 이 분들을 설득시키고, 그 다음 박정희 대통령까지 감탄할 정도로 훌륭한 제도로 인정받게 되었고, 잘 추진해 보라는 말씀까지 들었다고 한다. 김 박사는 그 다음 과정으로 재무부 담당 부서의 조세 전문가를 상대로 설득 작업을 시작했던 것이다.

그 첫 번째 상대가 바로 나인 당시 재무부 세제국 직세과장이었고, 이어서 세제국장, 세정 차관보 등 조세 전문가, 정부 부처 담당 실무자들을 무시하지 않고 조용조용히 설득하기 시작했던 것이다. 이론의 당위성과 현실의 장벽 사이의 싸움이었다. 김 박사는 결코 흥분하지도 않고, 또 대통령과 경제 수석을 등에 업고 실무 간부들에게 권위적인 지시나 큰소리 한번 내지도 않고 오로지 자기 의견을 이해시키고 설득시키려고 혼신의 노력을 기울였다고 본다.

정말 하나의 정책 결정을 두고 훌륭한 논쟁을 만들어 간 셈이다. 학자 출신이 정부에 들어와서 자기의 소신과 정책 의지를 관철시켜 나가는 방식과 절차는 매우 합리적이고 민주적이었다고 본다. 특히 남을 설득하고자 하려면 설득하고자 하는 사람에게 신뢰감을 주어야 하는데, 이 점에서도 김 박사는 누구에게나 특별한 신뢰감을 주었다고 본다.

둘째는 당시 주무장관인 김용환 재무부 장관의 소신과 결단력이 특별했다고 본다. 물론 전임 남덕우 부총리도 같은 의견을 가지고 있었지만 김 장관이 일을 처리하는 솜씨는 거의 완벽했다. 학자들(김재익 박사와 김종인 박사)의 이론적 당위성과 조세 전문가들의 현실적 장벽 사이에서 하나하나 꼼꼼히 따지고, 조세 전문가들의 의견을 충분히 귀담아 들으며 부가가치세를 도입할 때 발생할 수 있는 모든 가능성을 철저히 점검하고 난 다음, 조세 전문가들의 의견을 수용하여 1974년 세제 개혁에 우선 거래 원천징수 대상 품목을 확대 시행하는 법을 개정하게 되어 사실상 1974년부터 1977년 도입을 시행할 때까지 단계적으로 차근차근 준비를 해 왔다고 볼 수 있다.

당시 정치, 경제적 상황이 어려웠으나 김 장관은 조세 개혁 의지와 소신, 그리고 일에 대한 열정과 추진력으로 다소의 위험을 무릅쓰고 주무장관으로서 부가가치세 제도를 도입하는 결단을 내렸다고 본다.

셋째는 부가가치세 도입에 있어서 실무자들은 제쳐 두고라도 주무장관(김용환, 남덕우)이나 박 대통령이 당시 어려운 정치 상황(도입 시행 전 국회의원 총선거가 예정되고 있었고, 특히 야당으로부터 정치적으로 심한 반대가 있었다고 기억됨)임에도 불구하고 합리적인 조세제도를 확립하고, 한국 경제의 성장을 위해 미래의 안정적인 국가 재정 수입을 확보하기 위하여 정말 어려운 결단력을 보여주었다고 생각한다. 오로지 나라의 경제발전을 위해서 조세 측면에서 안정적인 기틀을 마련하는 데 목표를 두고 정치 논리보다 경제 논리를 중시했다는 점에서 당시 지도자들의 뛰어난 지도력을 읽을 수 있다.

또 한 가지 이야기하고 싶은 것은 그 당시 국가 질서와 정부의 힘이 강력했고, 또 장관들이나 고위 관료들이 소신대로 또 열정과 보람을 가지고 일할 수 있도록 나라의 지도자가 그런 분위기를 만들어 주었다는 데 중요한 의미가 있다고 본다.

아마 당시 강력한 통치권의 확립이나 지도자의 미래를 내다보는 혜안慧眼이 없었더라면 부가가치세의 도입과 시행은 불가능했을 거라는 생각이 든다. 다음에 이야기할 것이지만 첫 시행에 첫 법 집행에 들어가서도 그 당시 국세청 사람들은 상하를 막론하고 일에 대한 추진력과 열정이 눈물겨울 정도로 대단했다고 본다.

06
부가가치세 시행의 막을 올린 1977년

　　'이론의 승리가 반드시 현실의 성공을 가져올 수는 없다' 는 말이 있다. 1977년 고향인 대구에서 대구 지방 국세청장으로 일하고 있었던 나는 2월 어느 날 대구 지역 기관장 모임에서 회의를 하고 있는 중에 총무과장으로부터 급한 전갈을 받았다.

　　본청 간세국장(부가가치세, 소비세 담당 국장)으로 발령이 나서 속히 상경하라는 당시 고재일 국세청장의 지시를 전해 주었다. 사실 나는 고향인 대구에서 한 2년간 지방 청장을 하고 싶은 심정이었다. 대구가 고향이라고는 하지만 중고등학교 생활 6년 간의 세월이 내 어린 시절 기억의 전부였다.

그래서 대구가 어떤 도시고 어떤 문화를 가지고 있고 어떤 분들이 사업을 하고, 대구와 경북 지역을 이끌어 가고 있는 유지들은 어떤 분들이 있는지 알고 싶었다. 그러나 1976년 4월에 부임해서 1977년 2월까지 10개월만 근무하고 대구를 떠나게 되어 상당한 아쉬움이 있었다.

국세청 본청 간세국장으로 부임하자 당시 고재일 청장은 부가가치세 시행을 앞두고 걱정을 태산같이 하고 있었다. 1977년 당시 물가도 오르고 경제 사정도 어려웠다. 그리고 정치적으로도 상당히 불안하였다. 1979년 10월 26일 사태를 2년 반 앞둔 시기였다. 그러나 당시 정치 경제 상황과는 별개로 박정희 대통령을 위시하여 남덕우 부총리, 김용환 장관은 이 부가가치세 제도 시행에 큰 관심과 큰 기대를 가지고 있었다.

조세 행정 개혁은 말할 것도 없고 수출과 투자도 촉진되고, 또 앞으로 과세표준이 양성화되면 재정수입도 크게 늘어날 것으로 전망되기 때문에 윗분들의 이 조세 개혁에 대한 의지는 설사 정치적으로 문제가 있다고 하더라도 반드시 시행해야 한다는 방향이 확고부동하였다.

우리 세정사에 윗분들이(대통령, 부총리, 장관, 경제 수석 등) 이렇게 조세 개혁에 큰 관심을 가져 본 예는 그때까지 처음이었다고 본다. 지금 와서 생각해 보면 이분들은 국민들의 눈치나 살피고 선거 걱정만 하는 정치인, 지도자와는 다르게 정말 나라 발전과 나라의 장래를 위해 무엇을 개혁해야 하느냐 하는 문제에 용기 있는 결단을 내렸다고 본다.

물론 뒤에 얘기할 여러 가지 시행 상의 문제점과 조세 저항, 그리고 경제적 부작용이 따르기는 했다. 그러나 만일 이분들이 확고한 소신을 가지고 추진하지 않았더라면 아마 부가가치세 제도의 도입은 그 후 도입과 시행이 극히 어려웠을 것이라는 생각이 든다. 그야말로 순수한 열정을 가지고 개혁을 실천한 분들이라고 본다. 이렇게 그 어느 때보다도 윗분들의 관심이 특별했기 때문에 고 청장 입장에서는 부가가치세 시행을 앞두고 긴장을 하고 비장한 각오를 하지 않을 수 없었다.

내가 1977년 2월 담당 국장으로 부임하자마자 긴장된 나날은 계속되었다. 3월, 5월, 7월 세 번에 걸쳐 예행연습을 하기도 하였다. 실제 첫 부가가치세 예정신고는 9월 25일에 하게 되어 있었으나 그 전에 납세자들을 상대로 한번 연습을 해 본다는 것이었다. 그것도 한 번이 아니라 세 번이나 실제 상황같이 세금계산서를 주고받고 (실제 경제 거래가 이루어진 것도 아닌데, 가령 소매상인이 도매상으로부터 1,000원에 사서 1,200원에 판다고 가정하고 도매상은 소매상에게 1,000원의 매출 세금계산서를 발행하고 소매상은 1,000원의 매입 세금계산서를 받게 된다. 1,200원에 팔 때는 1,200원의 간이 세금계산서 혹은 영수증을 발행하게 된다).

　2개월 상당의 거래를 묶어 주고받은 세금계산서와 더불어 부가가치세 자진 신고(예정신고)를 하게 된다. 실제 세금을 내는 것이 아니고 서류상으로 연습을 해 보는 것이다. 이런 식으로 3월, 5월, 7월 세 번에 걸쳐 납세자(주로 시장 상인)들이 예행연습을 한답시고 일선 세무서를 들락거리게 되었다.

　지금 생각해 보면 너무나 지나친 행정 편의 위주의 세무 행정이었다. 그래도 매일 사업에 바쁜 납세자들은 연습에 협조한다고 세무서로 몰려와 일선 세무서는 거의 북새통이 되었다. 일선 세무 공무원의 업무량 증가는 말할 것도 없고, 그 당시나 지금 생각해도 우리나라 납세자들은 정말 협조적이라는 생각이 들었고, 고마운 생각마저 들었다. 외국 같으면 그리고 지금 같으면 아마 폭동이 났을지도 모를 일이었다.

　한 1년 정도 지난 후 대만의 조세국장(Mr. King Wei Sin, 김유신)이 시찰단을 이끌고 우리나라 부가가치세 시행 상황을 보려고 왔었다. 이분은 내가 오래전부터 잘 아는 분이라 부가가치세 시찰단 일행에게 그 동안 우리나라의 집행 상황을 소상하게 설명해 주었더니, 다른 것은 놔두고 예행연습과 관련해서 김 국장이 묻기를, 납세자들이 어떻게 아무런 저항 없이 그렇게 협조했느냐 하는 것이었다.

　그분이 돌아가서 얼마 지난 후 고맙다는 편지를 보냈는데, 내용인즉 우리들의 예행연습 등 집행 상황을 들어보니 자기들은 도저히 시행에 자신이 없다고 이야기하면서 부가가치세 도입을 당분간 보류하기로 결정했다는 것이었다. 대만은 그로부터 약 10년이 지난 후에 부가가치세 제도를 도입하게 된다.

여하튼 부가가치세 시행을 준비하면서 부딪치게 된 몇 가지 중요한 문제들을 정리해 보고자 한다.

부가가치세의 세명稅名 문제

첫째는 부가가치세附加價値稅란 세금의 이름[稅名]이 문제였다. 당시 부가가치세를 시행하고 있는 나라는 유럽 지역 국가들뿐이었는데, 그 세명이 VATValue Added Tax, 또는 TVATax on Value Added로 약자를 쓰고 있어 영어로는 이해가 가지만 우리나라 사람들에게는 부가가치세(영어를 우리말로 그대로 번역한 세명)란 말이 생소하여 처음에는 간략하게 부가세附價稅로 말하기도 했다. 그런데 일반인들이 듣기에는 이것을 부가세附價稅가 아니고 부가세附加稅로 이해하는 경우도 있어 새로이 세금을 더 부가하는 제도로 오해하는 사람들이 많았다.

정말 세명이 얼마나 중요한가 하는 것을 새삼 깨닫게 해 준 사례라는 생각이 든다. 이 세금 이름을 만들 때도 논의가 많이 있었다. 앞서 언급했지만 내가 1974년에 도입을 예상하고 세법 초안을 만들 때 여러 가지 세명을 검토한 끝에 그래도 국민들이 알기 쉽게 하자는 취지에서 거래세去來稅로 하고 법률 초안을 만든 적이 있다.

그 이후 도입 당시 지금 일본의 경우처럼(일본은 일반소비세라고 부른다) 소비세라고 하려고 했으나 특별소비세가 있기 때문에 이와 혼동될 우려가 있다고 해서 매상세, 매출세, 거래세 등 여러 가지 세명이 거론되었으나 그 동안 국민들에게 부가가치세로 홍보를 해 왔기 때문에 혼란을 막기 위해서 그대로 확정되었던 것이다.

그러나 이 세명 때문에 다음에 이야기할 물가 문제와 부가가치세에 대한 국민들의 이해에 많은 혼란을 가져온 것은 사실이다. 오히려 일반소비세나 거래세란 이름으로 평범하게 작명을 했더라면 좋았을 것으로 생각이 된다. 당시 학자 출신 김재익 박사나 김종인 박사, 그리고 부가가치세 이론을 잘 아는 조세 전문가들은 부가가치세 제도는 이론적으로도 완벽하고 실제 집행에서도 정부 측에서나 납세자(사업자들) 입장에서도 아주 간편한 제도로 어려울 것이 없다고 생각하고 있었다.

매출 세액output tax에서 매입 세액input tax를 공제하고 남는 금액을 정부에 납부하면 되고 매출, 매입 세액 계산도 매출액이나 매입액에 10% 세율을 적용하면 간단하게 산출이 되니까 어려울 게 하나도 없다는 논리였다.

그러나 부가가치세 제도 시행으로 새삼 깨닫게 된 교훈은 특히 세금에 관한 새로운 제도를 만들 때는 납세자들의 수준(지식과 교육 수준, 제도에 관한 이해 수준 등)과 납세 현실을 고려해야지 학자나 전문가들의 교육 수준과 이해 수준에서 납세자들을 다루어서는 곤란하다는 사실이다. 대학생이 생각하고 이해하는 수준에서 초등학생을 다루는 격이 되어 버릴 우려가 있다는 것이고, 실제 그와 같은 현상이 나타나기 시작했다.

부가가치세란 이름부터 부가세附加稅로 오해하는 경우가 생겨나고, 매출세, 매입세란 용어도 생소하고 매출 세금계산서, 매입 세금계산서 등의 용어도 전문가들에게는 아주 당연하고 쉬운 용어인데, 납세자들에게는 모두가 난생 처음 들어보는 용어이었기 때문에 집행 초기에 이런 내용들을 3회에 걸쳐 예행연습을 할 때 설명에 설명을 거듭했지만 이런 것들이 납세자들에게 새로운 세금 용어나 상거래 관행으로 익숙해지기까지는 상당한 시간이 필요했던 것이다. 그 과정에서 혼동과 혼란이 생기고 납세자의 입장에서는 어떻게 하든 세금을 적게 내고 과세표준이 드러나지 않는 방향으로 새로운 상거래 관행과 탈세 수법을 찾아 나서기 시작했던 것이다.

이 기회에 한 가지 이야기하고 싶은 것은 나의 경우 거의 반평생 세정을 맡아 오면서 항상 간부들이나 직원들에게 강조한 것 중에 하나가 납세자의 수준(교육 수준이든 사고의 수준이든)에서 생각하고, 홍보 자료를 만들고 납세 홍보를 하라는 것이었다.

특히 홍보 자료는 문어체文語體 대신 구어체口語體를 사용하되 어려운 세무 사항을 가능한 한도까지 알기 쉽게 표현하도록 했다. 한

번은 내가 재무부에 근무할 때 홍보 자료(문어체)를 미리 모 방송기자에게 보여주고 내용을 상세하게 설명해 준 다음 이 내용을 어떤 식으로 방송할 것인가 하고 물어 보았다. 그 기자는 문어체 내용을 방송할 내용대로 구어체로 풀어 써서 나한테 보여주면서 내용이 옳으냐고 되물었다. 내가 읽어보니 내용은 말할 것도 없고 너무나 이해하기 쉽게 설명이 돼 있어 바로 이것이로구나 하고 감탄한 적이 있다. 역시 기자들의 의사 전달 솜씨가 공무원들의 그 딱딱한 문어체와는 비교가 되지 않았다. 그로부터 나는 보도 자료는 반드시 구어체로 하도록 지시한 바 있다.

물가에 대한 영향

두 번째, 시행에 앞서 부딪힌 문제는 세율 10%와 물가정책과의 충돌이었다. 즉 부가가치세 제도의 이론적인 메커니즘과 현실 물가와의 상충이었다. 이론적으로는 당시 없어지는 세목(영업세, 전화세 등)으로부터 들어오는 세수와 신설되는 부가가치세로부터 거두어들일 세수가 같게 하려면 세수 추계상 부가가치세 세율을 13%로 정해야 한다는 계산이 나왔다. 그러나 세율을 13%로 하면 집행상, 세액 계산상 복잡하니까 세수에 다소 영향이 있다 하더라도 10%로 간단하게 하는 것이 좋다고 생각했다. 또한 IMF에서 온 조세 자문관 Mr. Duignan 씨의 건의도 있었을 뿐만 아니라 그 당시 사업자들로부터 조세 저항도 있고 해서 부가가치세 부담을 경감해 준다는 정책적 차원에서 청와대 회의에서 최종적으로 10%로 하기로 결정되었다.

문제는 세율이 10%이면 부가가치세 이론상 1,000원짜리 상품을 팔 때 10%를 붙여 1,100원으로 판매하여 그 10%에 해당되는 100원을 매출 세액으로 하고, 그 상품을 매입할 때 부담한 매입 세액(이를테면 소매상이 도매상으로부터 800원에 사올 때 10%인 80원이 매입 세액이 되고 이를 합쳐 880원에 사 오게 된다) 80원을 공제하고 나머지 20원을 세무서에 신고하여 납부하게 된다.

그런데 현실적으로 문제는 물가 문제였다. 이를테면 당시 1,000원에 팔고 있던 물건은 10%를 가산하면 1,100원으로 가격이 뛰게 된다. 당시 경제 상황은 물가가 상당히 오르고 있던 상황이었기 때문에 바로 이 점이 부가가치세 시행 당시 부닥친 가장 큰 문제였다.

그때 재무부에서는 부가가치세의 목적이 증세가 아닌 간접세 제도의 개혁이었으므로 이론상으로는 전체 물가에 영향은 없을 것으로 생각했다. 세율도 13%의 조정 세율을 10%로 낮추기로 했으니 물가에는 큰 영향이 없을 것으로 보았다. 다만 개별 품목에 따라서는 영향을 미칠 것으로 예상하고 있었다. 그러나 어차피 부가가치세 제도를 도입하는 경우 이 정도의 부작용은 감수할 수밖에 없었고, 윗분들도 그렇게 이해하고 있었다.

그러나 도입 시행을 주도한 재무부 입장에서는 물가 부작용을 최소화하는 조치를 강구하지 않을 수 없었다. 그래서 1976년 1월과 1977년 6월 2차에 걸쳐 국세청 간세국의 지휘 아래 정예 조사 요원의 지원을 받아 234개 주요 품목(물가 선도 품목)을 선정하여 「업종별, 품목별 124개 간접세 부담률 조사」를 실시하였다. 당시 물가 대책에 대하여 경제기획원과의 협의 과정에서 재무부는 품목별 가격은 부가가치세 원리에 따라 세전 가격을 정하여 물가 지도를 해야 한다고 주장하였으나 경제기획원 물가정책국(당시 국장 이기욱 씨)은 세후 가격으로 정하는 것이 물가 정책상 좋다는 주장을 굽히지 않았다. 즉 물가에 영향을 미치는 품목을 지정하여 그 품목의 가격을 고시하고 물가통제를 하자는 것이었다.

이를테면 어느 상품이 현재 1,000원에 거래되고 있다면 아예 1,000원으로 고시하여 통제하라는 것이다. 그 1,000원 속에 매출 세액까지 포함되어 있는 것으로 하라는 것이다(역산해 보면 계산상 $c+c\times10\%=1,000$이 되자면 c는 909원. 여기에 10% 곱하면 90.9, 약 91원이 되어 외형 909원에 매출 세액 91원이 되고 합계 1,000원이 된다). 이렇게 되면 상인들이 1,000원에 팔지만 세금으로 91원을 내게 되면 자기 손에 남는 것은 909원이 되어 손해를 보게 된다.

여하튼 부가가치세 집행 초기 단계에서는 어쩔 수 없이 부가가치세 제도의 논리에는 맞지 않지만 지금 당장 물가가 문제니까 이런 식으로 집행하라는 것이었다.

 ··· 신세新稅는 악세惡稅인가

그러나 나는 그렇게 할 수 없다고 했다. 부가가치세 제도를 도입하는 목적에도 어긋나고(매출 세액에서 매입 세액을 공제하고 매출 세액은 소비자에게 전가하는 방식), 이는 과거 영업세와 다를 바가 없게 된다. 그리고 상인들이 그대로 따라 줄지 여부도 문제였다. 이 국장은 고등학교 1년 선배이자 고시도 선배라 잘 아는 사이이지만, 이 문제로 실무자 간에 상당한 다툼이 있었다.

이 제도 도입으로 그렇지 않아도 상인들이 불만이 큰데 가격마저 이런 식으로 통제한다면 어떻게 되겠는가? 어차피 부가가치세 시행으로 물가가 영향을 받을 것이라는 것은 이미 예견된 일이 아닌가, 그러면 부가가치세 제도만이라도 그 제도 취지에 맞춰 바르게 집행하는 것이 옳지 않는가, 어차피 물가는 다소 뛸 수밖에 없다. 어떤 식으로 하든 마찬가지다. 격론 끝에 기획원 실무 팀에서는, 그렇다면 가령 1,000원으로 현재 거래되고 있는 상품의 경우 원칙대로 하자면 1,100원으로 팔아야 되지만 상인들의 손해를 고려하여, 이를테면 1,020원 또는 1,050원 정도로 약간 상향 조정하여 가격을 고시하고 통제하라는 것이었다.

국세청에서 위반 여부에 대한 단속까지 맡아 달라는 것이었다. 부가가치세 초기 단계에서 물가통제를 하라는 것이었다. 이 결정은 오히려 나중에 큰 물가 문제를 불러일으켰을 뿐만 아니라 부가가치세 제도에 대한 국민, 납세자들의 이해에 혼란을 가져오고, 이 제도의 메커니즘mechanism을 정착시키는 데 큰 장애가 되었다. 이론의 승리가 반드시 현실의 성공을 가져오지 않는 사례가 되고 말았다.

주요 품목별 물가 통제는 초기에는 잘 진행되어 가는 듯하였다. 그러나 원래 물가 통제라는 정책 수단은 전시 등 비상시에나 쓰는 수법이지 평시에 강제 집행하는 데는 한계가 있게 마련이다. 시간이 흐름에 따라 통제와 감독의 강도가 약화될 수밖에 없고, 이에 따라 새로운 시장의 가격 구조가 형성되기 시작했다. 앞에서 예시한 1,020~1,050원의 통제가격에 오히려 부가세 매출 세액 10%를 더 가산하여, 1,122~1,155원으로 가격이 오히려 더 껑충 뛰기 시작했다. 상인들에게 세금계산서를 발행하라고 하니 법대로 부가가치세를 전가시킨다고 기존 가격에 10%를 더 부가해서 판매하는 사례가 나타나기 시작했고, 이 같은 상황은 그 당시로서는 어떻게 할 도리가 없었다. '혹을 떼려다가 오히려 혹을 붙인 꼴'이 되었다.

물가통제에는 어려움이 있기 때문에 정부의 의도대로 국민들이 100% 따라 줄 것으로 믿지는 않았지만, 이렇게 엉뚱한 방향으로 시장의 가격 질서가 이루어질 것으로는 생각도 못하였다. 어떻게 보면 부가가치세 제도 시행에 따른 가격정책의 큰 실책이라고 생각된다. 어떻든 전반적으로 보아 부가가치세 시행을 빌미로, 또 제도상 매출 세액을 전가시킨다는 이유로 물가가 큰 영향을 받게 되었다.

사업자들은 부가가치세 시행으로 세금 부담이 증가될 것을 염려하게 되었고, 거기다가 영수증 발행, 세금계산서 주고받기 등 우리나라 시장경제의 유통 질서를 근대화하는 데 큰 계기를 만들기는 했으나, 그 당시 사업자들로서는 새로운 행정 부담으로 받아들이게 되었다. 세금계산서를 발행할수록 더 많은 세금을 내게 된다는 생각으로 상당한 부담감을 안겨 주게 되었다.

이래저래 국민 전체가 '부가가치세란 신세新稅는 악세惡稅'라는 민심의 이반 현상이 확산되어서 그 이후(1978년 79년) 정치적으로 큰 격동을 몰고 온 동인 중 하나가 되었다는 오명을 남기게 된다. 여하튼 부가가치세는 우리나라 세정 사상 정치, 경제, 사회적으로 가장 큰 영향을 끼친 조세제도라고 생각된다.

물가에 대한 악영향, 시장 상인들로부터 조세 저항 등 부정적인 측면이 있는 것은 사실이나 반면 영수증, 세금계산서 등에 의한 근거 과세의 기반 구축, 수출 촉진, 투자 촉진, 그리고 그 이후 과세 표준 양성화에 따라 늘어나기 시작한 세수 규모, 재정 수입의 확보 등 장기적 안목에서 볼 때 우리나라 경제 사회, 세정 질서에 큰 개혁과 성과를 거둔 것은 높게 평가해야 될 줄로 믿는다. 물론 물가 문제를 고려하여 부가가치세의 시행 시기에 관한 타이밍 문제를 좀더 신중하게 고려했더라면 좋았을 것이라고도 생각할 수 있으나, 그 당시 물가에 큰 비중을 두었더라면 부가가치세 시행은 그 이후 시행이 극히 어려웠을 것으로 생각된다.

정책이란 타이밍도 중요하지만 여러 가지 변수를 고려하여 무엇을 선택할 것인가, 선택의 문제이기도 하고, 또 누가 이 선택을 소신과 신념을 갖고 장기적인 안목에서 개혁 의지를 가지고 결정하고 집행하느냐가 중요하다는 생각이 든다.

지금 와서 생각하면 앞서 이야기한 바대로, 당시 이 제도 추진에 관여했던 분들의 정책에 대한 신념과 국익에 대한 고려, 리더십의 발휘, 사심 없는 정책 추진, 그리고 여러 가지 어려움 속에서 논쟁을 하고 선택하는 결단 등은 우리나라 경제 발전사, 세정사에 큰 획을 그었다고 본다.

영수증 주고받기 운동

셋째 문제는 당시 부가가치세 시행과 더불어 추진했던 영수증 주고받기 운동이었다. 이는 우리나라 상거래 유통 질서에 새로운 변화와 상거래 관습을 가져오게 한 계기를 마련했다고 본다. 이전까지만 해도 우리 국민들은 사업자들 간 거래는 몰라도 일반 국민들이 물건을 살 때 받는 영수증에 대한 인식이 거의 없었다.

당시 부가가치세 시행과 더불어 사업자들 간에는 반드시 소위 세금계산서tax invoice를 주고받아야 하고, 최종 소비자에게 물건을 파는 사람은 영수증(간이 세금계산서)을 반드시 발행하도록 하고 물건을 사는 사람은 영수증을 꼭 받도록 적극 권장하였다. 부가가치세 이론상으로는 사업자의 경우 세금계산서를 주고받지 않을 수 없는 메커니즘이어서 이것이 과표를 양성화시키고 근거 과세의 기반을 마련하고 인정과세가 자동적으로 사라진다는 논리였다.

가령 도매상의 경우 소매상의 요구로(소매상은 매입 세금계산서를 받아야 나중에 부가가치세 세액 계산상 매입 세액 공제를 받을 수 있기 때문에) 매출 세액 세금계산서를 발행하지 않을 수 없고, 또 도매상 자신도 매입 세액 공제를 받기 위하여 제조업자로부터 상품을 매입할 때 매입 세금계산서(제조업자 편에서 보면 매출 세액 계산서)를 요구하지 않을 수 없도록 되어 있다. 이론상 이와 같은 메커니즘에서 보면 제조-도매-소매 단계 간에 세금계산서를 주고받게 되니까 매출액이 모두 양성화될 것이라는 생각이었다. 그러나 현실 경제 거래에는 미처 생각하지 못한 상황이 나타나기 시작했다.

소위 허위 세금계산서, 자료상資料商이라는 말이 나오기 시작했다. 제조업에서 도매상, 도매상에서 소매상으로 물건을 거래할 때마다 파는 쪽은 매출 세금계산서를 발행하고 사는 쪽은 매입 세금계산서를 받아 매입 세금은 공제 받게 된다. 그러나 도·소매상들의 경우는 이 과정을 통해 수입 금액(과세 표준)이 다 노출되니까 이를 피하기 위해, 이를테면 도매상은 매출이 있을 때 할 수 있으면 매출 세금 계산서를 발행하지 않고, 소매상은 필요한 매입 세금계산서(세액공제 받기 위한 계산서)는 자료상으로부터 구입하게 된다. 도매상도 마찬가지다. 필요한 매입 계산서를 자료상으로부터 구입하여 이들 자료들이 소위 허위 세금계산서가 되고 부가가치세

의 장점인 세금계산서 수수授受에 따른 과세자료의 양성화 기능에
문제가 발생하기 시작한 것이다.

당시 국세청 전산실에서는 부가가치세 시행에 대비하여 새로운
컴퓨터가 설치되어 전국의 세금계산서(매출, 매입 계산서)가 세무
서를 통하여 전산실에 모이게 되면 많은 직원(약 200명)들이 전산
실에서 입력을 하여 모든 거래를 비교 분석cross-checking하게 되어 있
었다. 그러면 업체별로 얼마를 매입하고 얼마의 매출이 있었는지
파악할 수 있었다. 기술적으로는 가능한 작업이었으나 행정적으로
는 엄청난 업무량을 가져왔다. 물론 납세자에게도 부가세 시행 초
기에는 많은 행정 부담을 안겨 주었다.

즉 물건을 거래할 때는 4장의 세금계산서를 작성하게 되어 있었
다. 이를테면 도매상이 소매상에게 물건을 팔 때 4장을 작성하여 2
장은 도매상이, 또 다른 2장은 소매상에게 준다. 도·소매상은 그
중 1장은 자신들이 보관하고 1장은 세무서에 제출한다.

세무서는 2장을 전산실에 보내 전산처리하게 된다. 도·소매상
들이 보관하고 있는 1장은 나중에 전산실 자료와 대조할 때 증빙 자
료로 쓰이고 또 자신들의 영수증 역할도 한다. 그러나 이 얼마나 방
대한 작업인가? 정말 그 당시 국세청 전산실에 가보면 직원들의 입
력 작업이 엄청난 업무량이었다. 세계 어느 나라에서도(물론 부가
가치세를 시행하고 있던 유럽 여러 나라에서도 마찬가지) 매입, 매
출 세금계산서를 전산 처리하는 예가 없었다. 거의 모든 상거래를

전산 처리하게 됨으로써 엄청난 용량을 가진 컴퓨터가 필요하게 되었고, 또 이 전산 처리 결과, 즉 업체들의 매입, 매출 자료를 전산실에서 작성하여 일선 세무서에 내려 보내 각 사업장의 매출 신고액과 비교 검토하게 하는 행정 작업行政作業은 많은 행정력이 필요했다.

이 같은 엄청난 행정력을 투입하였음에도 불구하고 당시 업체의 과세표준이 얼마나 양성화되었는지는 수치로 정확히 계산을 할 수는 없다. 그러나 투입된 행정력에 비하여 과세표준의 양성화는 크게 개선되지 않았다고 보는 것이 옳을 것이다.

왜냐하면 앞서 이야기한 대로 납세자들은 이 부가가치세 시행에 따른 과세표준의 급격한 양성화를 피하기 위해 허위 세금계산서 발행(자료상 등장) 등의 수단과 방법을 찾지 않을 수 없었다. 과세 당국과 납세자와의 머리싸움이었다. 그러나 세금계산서 자료를 전산 처리하여 납세자들로 하여금 이제는 과세 거래를 함부로 속일 수 없다는 인식을 심어 준 데는 큰 의미가 있었다고 본다.

거래를 하면 반드시 세금계산서(영수증)를 발행해야 하고, 이 자료가 국세청 전산실에서 모두 전산 처리되기 때문에 모든 거래가 노출이 된다는 새로운 납세 심리, 의식이 나타나기 시작했다는 점에서, 부가세 시행 초기 세금계산서의 전산 처리는 그 업무량이 방대하고 업무의 효율성이 떨어지기는 했으나 큰 의미가 있었다고 생각된다. 그러나 소위 납세 협력 비용Compliance Cost 면에서는 분명히 문제가 있었다고 본다.

　세금계산서와 관련하여 또 한 가지 이야기할 것은 소매상들이 물건을 최종 판매할 때 발행하는 간이 세금계산서(소위 영수증)와 금전등록기 영수증에 관한 이야기이다. 당시 부가가치세 시행을 계기로 상거래 유통 질서도 영수증 주고받기로 근대화하고 투명하게 하고 정상화한다는 취지로, 앞서 이야기한 대로 사업자 간 거래는 세금계산서를 반드시 주고받고 사업자가 최종 소비자와 거래할 때는 영수증, 간이 세금계산서, 금전등록기 영수증(주로 유흥 음식업소)을 발행하도록 영수증 주고받기 범국민운동을 대대적으로 벌였다.

　당시 인상적인 상거래의 새로운 풍속도 몇 가지를 소개하면, 새로운 형태의 금전등록기가 등장한 것이다. 1977년 그 당시만 하더라도 국민들의 영수증에 대한 인식이 거의 없었다. 사업자는 소비자에게 아예 영수증을 줄 생각도 하지 않았고, 소비자들도 식사를 하거나 물건을 살 때 영수증을 받을 생각도 없고 받는 것 자체가 좀 촌스런 행동으로 생각되던 시기였다.

　요사이 같이 어디를 가든 신용카드 영수증을 발행하고, 또 받는 것이 당연한 것으로 생각하는 시대 상황과 비교하면 정말 격세지감을 느끼지 않을 수 없다. 당시 구멍가게를 제외하고는 거의 대부분의 최종 사업자(특히 유흥 음식, 숙박업소) 등에게는 의무적으로 금전등록기를 설치하여 영수증을 발행하도록 의무화하였고, 또 유인책으로 영수증을 성실하게 발행하면 일정한 비율을 세액 공제해 주고, 소비자들은 받은 영수증을 모아 세무서에 신고하면 영수증 금액의 일정한 비율만큼 상금을 주기까지 하는 영수증 주고받기 유인책까지 마련하였다.

그러나 엉뚱하게도 예상하지 못한 부작용이 나타나기 시작했다. 사업자 입장에서는 원칙대로 영수증을 발행하면 세금의 기초가 되는 수입 금액이 노출되기 때문에 이를 줄이기 위해 금전등록기 기계를 조작하여 영수증은 발행해 주되 수입으로는 잡히지 않도록 내부의 한쪽 영수증 테이프(수입 금액용)를 조작하여 교묘하게 탈세를 하는 일이 벌어졌다.

그리고 국세청은 금전등록기 영수증 발행 상태를 정밀 조사하는 촌극들이 벌어지곤 했다. 한편 소비자, 또는 국민들은 영수증 보상금을 타기 위해서 각 업소를 돌아다니면서 소비자들이 받아 가지 않는 영수증을 엄청나게 수집해서 부당하게 보상금을 받아 가는 사례도 많이 있었다.

또한 국세청 간부는 말할 것도 없고, 직원들을 총동원해서 영수증 주고받기 운동과 또 업소에 대한 조사 단속도 한동안 끊임없이 계속되었다. 당시 국세청 입장에서는 부가가치세 제도가 성공적으로 정착되자면 영수증 주고받기가 정착되어 정상화되어야 하고, 또 이 기회에 우리나라 상거래 유통 질서도 부가가치세 제도를 통하여 정상화, 근대화되는 계기를 마련해야겠다는 정책 의도도 강하게 작용했던 것이다.

부가가치세 시행 초기에 국세청장, 서울 지방 국세청장, 중부 지방 국세청장, 그리고 부가가치세 담당 국장인 나, 네 사람이 거의 매일 저녁 시간에 서울 시내 유흥업소 영수증 단속에 직접 나서기도 했다. 우선 서울 시내의 카바레, 나이트클럽은 모조리 단속하였다.

국세청장과 지방 청장들이 이렇게 일선에서 단속에 나선 일은 아마 국세 행정 사상 전무후무한 일이었고, 나도 서울 시내 카바레를 모두 구경한 일은 그때가 처음이고 마지막이었다.

그런데 당시 재미있는 에피소드 몇 가지를 소개하면, 거의 모든 업소에서 국세청장을 알아보지 못했다. 우리가 업소에 들어가면 단골 멤버가 누구냐고 묻는 것이 고작이었다.

서울 시내 모 카바레에서 청장이 카바레 입구에서 당일 입장객과 영수증을 점검한 일이 있었다. 그러다 국세청장인 줄 알고도 깡패 같은 건장한 청년 몇이 청장을 양팔로 휘어잡고 안으로 끌고 들어가는 사태가 벌어졌다. 나는 급히 바로 옆에 있는 서울 지방 국세청에 연락하여 기동 단속반을 오게 하여 철저한 단속을 시행하고, 그 다음날 그 업소는 영업정지 행정 처분을 내렸다. 물론 이와 같은 조치가 다른 업소까지 영향을 미친 것은 사실이다.

또 한 가지 조사는, 초창기 서울 시내 가장 큰 요정 50개를 골라 전격적으로 영수증 발행 단속을 시행하였다. 그때 거의 모두가 단속에 걸려 영업정지 처분을 받았다. 그 와중에 청탁, 부탁이 들어온 것은 사실이다. 그러나 모두 똑같이 조치를 했기 때문에 부탁한

쪽이나 업소에서도 할 말이 없었다.

물론 우리가 사전에 지도와 계도를 한 후에 단속을 하였으나 업소 입장에서는 너무 무리한 행정 조치가 아니냐 하는 불평도 많았다. 그러나 이를 계기로 다른 중소 유흥업소들은 영수증 발행에 박차를 가하게 되었다. "백 있고, 힘 있고, 고관들이 드나드는 대형 유흥업소도 꼼짝없이 당하는데 우리가 무슨 통뼈라고 버티겠나"는 유행어가 나올 정도로 초기 단속은 엄청난 위력을 발휘했다.

당시 시대 상황으로 국세청을 무서운 기관으로 생각했어도 대형 유흥업소(요정, 살롱 등)들은 설마 우리까지 손대겠느냐 하는 생각들이었고, 초기에 큰 업소부터, 또 국세청장이 직접 나설 정도로 강력한 정부의 의지를 보여 줌으로써 그 이후 영수증 주고받기는 서서히 정착되기 시작했다. 그리고 국민들의 영수증에 대한 인식 또한 서서히 변하기 시작했다. 어쩌면 오늘날의 신용카드 정착, 영수증에 대한 인식의 밑거름도 그 당시에 이루어졌다고 보아도 과언이 아니다.

유흥업소 영수증 단속, 영업정지 등과 관련된 몇 가지 에피소드를 소개하겠다. 부가가치세 시행 초기 영수증 주고받기 단속이 대대적으로 이루어지고 있을 무렵 부가가치세 시행 진행 상황에 관한 국세청장의 기자회견이 있었다.

그 당시 국세청에는 기자실이 없고 기자회견을 하려면 재무부 기자실을 이용하게 되어 있었다. 기자회견 전날 청장실에서 나와 더불어 본청 부가가치세 담당 과장, 서울 지방 국세청, 중부 지방 국세청 담당 간세국장이 참석하여 내일 있을 재무부 기자회견 준비를 하고 있었다. 당시 유흥업소 영수증 단속 결과 한 번 발행하지 않은 게 적발이 되면 영업정지, 두 번 적발이 되면 유흥업소 허가 취소라는 무거운 처벌을 하게 법령상 규정되어 있었다.

회의 도중 내가 청장께, "내일 기자회견에서 요사이 유흥업소 영수증 단속과 관련하여 영업정지, 허가 취소 문제가 제기될 것으로 봅니다. 청장께서는 법대로 엄격하게 집행하겠다고만 하시고 자세한 내용은 제가 답변을 드리도록 하겠습니다." 하고 말하자, 청장께서는 단호하게 영수증을 발행하지 않은 업소는 단 한번이라도 모두 허가를 취소하도록 하라고 그 자리에서 지방청 담당 국장들에게 지시하였다.

나는 그 순간 내일 기자회견에서 청장이 이런 말을 하면 큰일이다 싶어 대책을 잠시 생각하고 있었다. 그런데 갑자기 당시 서울 지방 국세청 담당 국장이 조세 법령집을 청장 앞에 펴 놓고 해당 조항을 읽으면서 한 번 발행하지 않은 것으로는 허가를 취소할 수 없습니다, 일단 영업정지를 시키고 난 다음 두 번째 영수증을 발행하지 않아 적발이 되면 그때 가서 허가를 취소하도록 돼 있습니다, 하고 자세하게 청장께 설명을 드렸다.

그 순간 청장께서는 화를 벌컥 내면서, "귀관들. 시키면 시키는 대로 하지 웬 잔소리가 많아!" 하고 야단을 치면서 국장들 앞에 놓여 있는 커피 찻잔을 손으로 확 쓸어 버렸다. 당시 지방청 국장들은 모두 거구巨軀로 키가 큰 분들이었는데, 커피 잔을 피하느라 모두가 책상 아래로 몸을 급히 피하는 해프닝까지 벌어졌다.

회의는 그것으로 끝이 나고 본청 주무국장인 나는 아무 이야기도 못하고 물러 나왔다. 이튿날 이른 아침 시간에 서울 지방 국세청 국장이 우리 집으로 전화를 했다. 내용인즉 사표를 내겠다는 것이다. "엊저녁에 한숨도 못 잤다. 이렇게 죽을 고생으로 일하고도 이런 식으로 야단맞는데 무슨 낯으로 계속 일하겠는가." 라고 말했다.

그 다음날 나는 7시 반경 좀 일찍 출근을 해 바로 청장실로 가서 청장이 출근하기를 기다렸다. 청장은 내가 비서실에서 기다리고 있으니 "웬일이야, 들어와." 해서 청장 옆에 자리를 잡고 아무 말도 않고 잠시 가만히 있었다. 여비서가 커피 두 잔을 가지고 온 다음 청장이 먼저 말을 꺼냈다.

"어제 말이야, 그 사람들(지방청 국장) 말이 정말이야? 법에 그렇게 돼 있어?"

내가 단둘이 차를 마시며 조용하게 말을 꺼냈다. 그 당시 내 나이가 서른여덟 살이니 고 청장이 보기에는 몇 살 아래 동생 같아 보았을 것이다.

"네, 법령에 그렇게 되어 있습니다. 오늘 기자들이 틀림없이 이 사항에 대해 질문을 할 겁니다. 청장께서 법에 어긋나는 말씀은 하실 수 없지 않습니까? 그러니까 청장께서는 유흥업소의 불법적인 상거래 관행에 대해서는 엄격하게 하겠다는 말씀만 하시고 실무적인 내용은 담당 국장이 답변하도록 넘기십시오.”

그러자 청장 말씀이, “그렇게 하지. 그리고 어제 두 국장에게 당신이 전화를 해서 요사이 고생이 많은데 위로와 격려의 말을 전해 주게.” 하였다.

그것으로 지방청 두 국장의 섭섭함과 울분에 찬 심정은 말끔히 씻어 주게 되었다. 윗사람이라고 모든 것을 다 알고 실수를 하지 말라는 법은 없다. 문제는 여러 간부들 앞에서 윗사람의 자존심을 건드리는 말은 피하는 것이 좋겠다는 나의 경험담으로 끝내고 싶다.

내가 이 이야기와 더불어 앞으로 몇 가지 부가가치세 집행 과정에서 있었던 해프닝을 이야기하고 싶은 것은, 그 당시 부가가치세 제도를 초기에 집행할 때 집행하는 총수인 국세청장이 얼마나 긴장을 하고 부가가치세를 성공적으로 시행하기 위해 노심초사勞心焦思, 온 신경을 쓰고 있었다는 점을 강조하고 싶어서이다. 그분은 군 출신으로 당시 박 대통령의 신임이 두터워 조달청장, 전매청장을 두루 거치고 난 다음 국세청장 직을 거의 6년이나 수행했다.

나는 1975년부터 1978년까지 거의 4년을 지방 청장, 본청 국장으로 이분을 상사로 모셨다. 우직한 성품에 한번 옳다고 생각하면 끝까지 밀어붙이는 업무 추진력이 대단했던 분이라고 생각한다. 국세청 발족 이후 이낙선 초대 청장과 3대 고재일 청장, 이 두 분이 초기 국세청의 기틀을 다진 분이라고 생각한다.

특히 고재일 청장은 부임하자마자 그 당시 남덕우 재무부 장관이 걱정하고 문제를 제기한, 소위 조상 징수(세수 목표를 채우기 위해 다음해에 들어올 세금을 미리 앞당겨 징수하는 것) 세액을 고 청장이 6개월 이내에 해결하겠다고 약속을 했다. 그때 나는 재무부 직세과장으로 남 장관께서 나보고 국세청장이 6개월 이내에 조상 징수를 해결하겠다고 하는데 가능한 일이냐고 묻기에, 아마 어려울 것이지만 상당 부분은 해결할 것으로 본다고 보고했다.

그런데 막상 6개월이 지나고 보니 고 청장이 조상 징수 세액을 깨끗하게 해결했다. 행정력이 대단한 분이었다고 본다. 또 한 가지 당시 국세청의 인사가 상당히 무질서했는데 고 청장이 부임하고 나서 그분 나름대로 기준을 정해 능력과 추진력에 따라 엄격하게 인사관리를 하였다. 그 결과 그 이후 국세청의 인사 관행은 기틀을 다져 나갔다고 생각한다.

물론 그 당시 상인들에 대한 무리한 조세 행정으로 조세 저항도 불러일으키거나 불합리한 과세 기준으로 사업자로부터 원성도 사고, 또 엄격한 인사관리에 따른 부작용도 있고 했으나 전반적으로 국세 행정력을 한 단계 높이고 이를 통한 세수 증대에는 크게 기여했다고 본다.

또 한 가지 에피소드를 소개하고자 한다. 그 당시 유흥업소의 영수증 단속으로 영업정지, 허가취소 사태가 많이 생겼는데 절차상으로는 일선 세무서, 지방청에서 해당 업소 관할 구청에 영업정지 또는 허가 취소를 요청하고 구청장이 이를 집행했다. 그런데 구청에 따라 세무 관서에서 요청하는 영업정지, 또는 허가 취소 사건을 잘 처리해 주지 않는 사례가 많았다.

하루는 청장께서 비서관만 데리고 서울 시내 모 구청장실을 찾아 갔다. 청장은 구청장을 보고 다짜고짜 큰소리를 쳤다. "일 똑바로 해!" 이 한마디만 남기고 돌아왔다고 한다. 그 사건이 난 후 다른 구청에까지 소문이 나게 되었고, 그 이후 세무관서의 영업정지 등 업무 협조가 순조롭게 되어 간 것도 재미있는 사건이었다.

지금 생각하면 황당한 일이기도 하지만, 그 당시 군 출신인 청장의 눈에는 울화통이 터질 지경이었을 것으로 본다. 일선 부하 직원들은 부가가치세의 조속한 정착과 성공을 위해 불철주야 눈코 뜰 사이 없이 일을 하고 있는데 일선 구청장과 직원들(그 당시 내무부 소속 일선 기관)의 안이한 근무 자세에 고 청장은 특유의 방식으로 분통을 터트린 것이다.

청장 특유의 행정 집행 방식은 전통적인 행정 관료들의 머리로는 생각도 못할 방식이었다. 나쁘게 보면 군대식이고 비민주적인 방식이었다고 볼 수 있지만, 그분 나름대로 독창적이고 효과적인 행정 수행 방식이었다고 생각된다.

이를테면 앞서 이야기한 구청장 사건, 일선 유흥업소의 영수증 주고받기 단속을 직접 진두지휘한 일, 불성실한 일선 세무서장을 그 자리에서 바로 지방으로 좌천 발령 조치한 일 등 많은 충격 요법식 행정 조치로 초기 부가가치세 제도의 조기 정착에 박차를 가했던 것으로 평가된다.

첫째로는 우선 국세청 전 직원이 총동원되다시피 부가가치세 제도의 성공적인 시행에 조직적이고 단결된 행정력을 이끌어 내었고, 둘째로는 초기 단계에 조세 저항이 있기는 했으나 사업자들로 하여금 부가가치세 제도에 신속하게 적응하도록 관심을 이끌어 내는데도 큰 몫을 했다고 본다.

나는 당시 주무 국장으로 실무자들과 더불어 불철주야 새로운 행정 지침과 일선 지시와 감독 사항, 납세자 지도 홍보 사항 등을 준비했지만, 이 경우 총사령관격인 청장이 이들 실무자들의 고통을 이해해 주고, 또 격려하고 특별히 관심을 가지고 기관차 역할을 해주지 않았다면 부가가치세 시행에 혼선과 논란이 많이 생겼을 것으로 본다.

미국의 3대 대통령 토머스 제퍼슨은, "새로운 법의 제정은 어렵다. 그러나 이를 시행하는 것은 더욱 어렵다."고 이야기했다. 더욱이 국민의 새로운 경제적 부담을 안겨 줄 새로운 세금을 신설, 이를 집행하는 일(뒤에 이야기할 토지초과이득세 등)은 실제 담당해 보지 않은 사람은 이해하지 못할 정도로 힘들고 피를 말리는 긴장된 작업이 아닐 수 없었다고 본다.

당시 청장과 나는 전국 일선 관서의 집행 상황을 직접 점검한 적이 있었다. 이때에도 청장의 특유한 행정 방식이 돋보였다. 본청 청장이 일선 관서(지방청과 일선 세무서)를 순시하면 일반적으로 지방 청장, 세무서장이 현황 보고를 하는 것이 관행이었다. 그러나 청장은 담당 주사(사무관 바로 밑 직급, 일선 세무서 과장이 사무관, 주사는 일반적으로 주무 계장이었음)로 하여금 직접 청장께 집행 현황을 보고하도록 하였다.

그때는 몇 가지 이유가 있었다고 본다. 원래 일선 기관에서 납세자를 직접 만나고 상대하는 사람은 주로 주사 이하 자리에 있는 사람이다. 따라서 본부에서 아무리 공자 같은 말씀과 지시가 있어도 이 주사 자리에 있는 사람이 본부 지시를 제대로 숙지하지 못하고, 납세자들에게 올바르게 지도하거나 집행하지 못하면 아무런 소용이 없다.

그래서 주사로 하여금 직접 보고하도록 한 것은, 이 사람이 부가가치세에 관하여 올바르게 파악을 하고 납세자를 제대로 지도, 홍보를 하고 있는지, 그리고 본부의 지침과 지시 사항을 습득하고 있는지, 또 브리핑 준비를 하자면 자연히 공부를 하지 않을 수 없기 때문에 본부 지시, 지침, 부가가치세 제도 내용까지 파악하도록 하는 기회가 될 수 있다는 점 등 다목적으로 청장이 직접 주사들을 상대로 업무 브리핑을 받았다고 본다.

내가 30여 년 공직생활을 하면서, 특히 재무부나 건설부에서 정책 수립을 하고 새로운 제도를 만들거나 개선할 때 항상 문제시한 것은 집행의 효율성이었다. 본부의 우수한 간부들이 아무리 훌륭하고 합리적인 정책을 입안하고 제도를 수립한다 해도 국민을 상대로 실제 집행하는 사람들은 따로 있다. 즉 일선 세무서 직원이나 지방 자치단체의 말단 직원이 집행하게 된다. 이 사람들이 본부의 정책이나 지침, 지시를 올바르게 이해하고 국민을 상대로 정확하게 법대로 집행하는 일이 매우 중요하다고 생각해 왔다.

나의 생각으로는 이 점은 옛날이나 지금이나 같다고 본다. 지금도 본부에서 수립한 내용과 지침대로 일선에서 그대로 집행되고 있는지 의심스럽다. 나는 정책 부서에서도 일해 보고 집행기관에서도 일해 보았기 때문에 이 문제를 더 실감하고 있다. 이 점에서 그 당시 청장의 행정 방식은 현장 중심의 특유한 행정 기술로 오늘날의 집행 기관장들이 한번쯤 되돌아볼 교훈이라고 본다.

07

세정 선진화에 밑거름이 된 부가가치세에 대한 소회

부가가치세 시행 초기, 모든 면에서 강력한 세정 집행력은 지금 와서 생각해 보면 납세자의 권익 보호 입장에서 행정상 상당한 무리가 있었다는 것은 사실이다. 그러나 국민들의 전근대적인 오랜 상관습, 그리고 그릇된 인식을 바꾸어 나가는 사회, 경제 개혁 작업에는 초기에 항상 무리와 부작용이 따를 수밖에 없다는 교훈을 보여주고 있다.

부가가치세 시행 초기 과정에서 보여준 또 한 가지 특기할 사항은 당시 공직자들의 자세다. 당시 1977년, 1978년도는 시대적으로 보면 정치, 사회적으로 불안정한 때였으나 국세청 공무원들의 공직에 대한 봉사 정신은 무無에서 유有를 창조해 낼 정도로 헌신적이었다고 생각된다.

당시 일선 직원들 모두 열심히 잘해 보려고 하는 의지와 의욕, 나라와 국가원수에 대한 충성심, 상명하복의 철저한 위계질서, 그리고 조직적이고 단결된 행정력, 한 점의 불평 없이 불철주야 각자 맡은 일에 전력을 투구하던 모습들, 그리고 이들을 독려하는 각급 기관장(청장, 지방 청장, 세무서장)의 추진력과 의지, 그리고 윗분에 대한 충성심과 아랫사람에 대한 따뜻한 가슴, 이 모든 것들이 지금 와서 생각해 보면 앞으로는 영원히 다시 볼 수 없는 그 당시 공직자 상이었다. 이런 것들이 우리나라 근대 사회, 경제개발의 원동력이 되지 않았나 하는 생각이 들어 깊은 감동과 감회가 새로워진다.

아무튼 부가가치세 제도의 도입은, 우리나라에서 시행한 어느 조세제도보다도 정치, 경제, 사회적으로 가장 큰 영향을 미친 조세제도라고 생각된다. 초기 단계에 정치적으로나 경제적으로, 특히 물가에 미친 악영향, 그리고 사업자들의 조세 저항 등 많은 문제점이 있었다. 그러나 나는 이 조세제도가 의도하고자 했던 조세 목적은 지금 와서 생각하면 상당히 달성됐다고 평가한다.

우선 재정수입 면에서 부가가치세는 큰 효자 노릇을 하고 있다. 1990년 결산 기준 전체 국세 대비 부가가치세가 차지하는 비율이 25.9%까지 증가하여 세수 비중이 가장 큰 세목으로 자리를 차지하였고, 그 이후 1992년부터는 30%를 상회하는 세수 비중을 나타내고 있다(2002년 결산 34.1%, 2005년 결산 34.6%).

따라서 재정수입 확보 면에서는 크게 성공적이었다고 평가되고, 시행 초기를 지나자 수출과 투자 촉진에도 큰 효과를 가져왔다고 본다. 그리고 중요한 것은 영수증 주고받기(세금계산서)에 대한 국민들의 사회 인식에 큰 변화를 가져왔다. 이 때문에 장기적으로 볼 때 사업자들의 수입 금액(과세표준)을 양성화하는 데 크게 기여했고, 세수도 크게 증가되었다고 본다. 또한 고질적인 인정과세의 폭이 크게 줄어진 것도 사실이다. 우리나라 조세제도와 행정이 한 단계 선진화하는 데 큰 기여를 했다고 볼 수 있다.

2부

부富와 세금

부동산 투기 열풍과 벌인 전쟁

― 토지초과이득세의 시행과 종말

- 1970년대에 횡행한 부동산 투기
- 1988년의 대대적인 부동산 투기 조사
- 1980년대 말 부동산 투기 양상과 정부의 노력
- 1990년 전후 대기업의 부동산 투기 상황
- 토지초과이득세의 시행과 종말

상속 · 증여세와 대기업의 공익 재단

- 공직자의 눈에 비친 대재산가의 그림자
- 상속세를 피해 가는 방법들
- 공익 재단과 공익 사업

1장

부동산 투기 열풍과 벌인 전쟁

—토지초과이득세의 시행과 종말

• • •

부동산 세무조사에 대한 일반 국민들의 반응은 긍정적이었다. 부동산 투기가 당시 국민경제에 얼마나 나쁜 영향을 미치고 있었는가는 여기서 장황하게 설명하지는 않겠지만, 여하간 그 당시 사회 분위기는 부동산 투기자는 대부분이 돈 많은 재산가들이고, 투기 행위 자체가 반사회적인 행위로까지 치부할 정도로 부동산 투기에 대한 일반 서민들의 생각은 대단히 부정적이었다.

나는 공직생활의 상당 부분을 부동산 투기 문제와 씨름을 해 왔다. 그 과정을 역사의 교훈으로 남기고 싶어 이 문제에 얽힌 이야기들을 정리해 보고자 한다. 물론 성공한 경우도 있고 실패한 경우도 있다. 그리고 지금 와서 생각해 보면 후회스런 일도 한두 가지가 아니라서 앞으로 또 이런 일이 생긴다면 하나의 교훈이 되었으면 한다.

부동산 특별 조사 전담기구 발족식.

01

1970년대에 횡행한 부동산 투기

지난 1990년대 말은 IMF 환란 여파로 부동산 경기가 오히려 침체 상태를 겪었으나 그 이전에는 거의 10년을 주기로 부동산 투기가 극성을 부려 왔다. 1960년대 말, 1970년대 말, 1980년대 말을 상기해 보자. 그 당시 신문 기사를 보면 거의 매일 부동산 투기에 관한 기사를 볼 수 있을 것이다. 내가 옛 재무부 사무관 시절 1967년도 세제 개혁 당시 부동산 투기 억제 정책으로 「부동산 투기 억제에 관한 특별 조치 세법」이 제정되었다. 이 법이 그 후 소득세법과 법인세법에 편입되어 소위 양도소득세와 법인 양도소득에 대한 특별 부가세로 만들어졌다.

그러나 새로운 부동산 투기 억제를 막기에는 부동산 투기 소득이 너무나 엄청나게 범람했고, 이 투기 열풍을 세금만으로 잠재울 수가 없었다. 그러면 이 부동산 투기가 어떻게 해서 주기적으로 나타났을까? 기본적으로 우리 국민은 예로부터 토지에 대한 애착, 토지 소유에 대한 집념이 어느 나라보다 강했다고 본다. 좁은 국토에서, 자원이 부족한 나라에서 농업이 기본이었던 시대에는 땅이 재산 소유의 기본이고 부의 상징이었기 때문에 누구나 돈을 벌면 우선 땅이나 집을 사두는 것이 가장 상책으로 생각하였다.

둘째는 토지에 대한 실제 수요다. 1968년은 2차 경제사회 개발 5개년 2차년도가 되는 해이고, 우리 경제가 서서히 성장하기 시작하던 시기였다. 따라서 자연히 기업의 업무용 부동산에 대한 수요, 공장부지 등의 수요가 늘어나기 시작했고, 또 국민소득이 증가함에 따라 주택 수요, 자산 보존 수단으로서 토지 취득을 하는 행태가 서서히 고개를 들기 시작했던 것이다. 그나마 부동산투기억제세로 다소 투기가 진정이 되기는 했으나 1970년대 말에 이르기까지 토지, 주택의 가격은 꾸준히 상승해 왔다.

1970년대 말 1980년에는 정치 혼란기로(박정희 대통령의 급서로) 물가가 폭등했다. 물가가 오른 데는 다른 여러 가지 요인도 있겠으나, 1977년 부가가치세 실시도 물가 상승을 부채질했다고 본다. 물가가 오르면 은행에 예금하는 것보다 자연히 부동산에 투자하는 것이 유리하기 마련이다.

물가 상승에 따라 부동산 값도 오르게 마련이고, 이때가 제2의 부동산 투기 열풍이 불어 닥친 시기다. 영동 지구(지금 강남 지역) 개발계획이 1972~1973년부터 시작해서 초기에는 영동 지구 개발이 지지부진하다가 1970년대 말에 이르러 영동 지역 땅값이 폭등하기 시작하고, 자연히 이 지역 개발도 저절로 확산되기 시작해 오늘날의 번창한 강남 지역이 이루어진 것이다.

당시 내가 겪은 일화 한 토막을 이야기해 본다. 1973년 당시 재무부 직세 담당관 시절 서울시에서 허허벌판이었던 강남 지역에 영동 신시가지 개발계획을 세워 놓았으나 전혀 계획대로 시가지가 형성이 되질 않고 있었다. 서울시에서 재무부에 협조 요청이 왔다. 일정 기간 영동 지역에 토지를 매입했다가 파는 경우 양도소득세를 면세해 달라는 것이다. 정부의 정책 결정에 따라 그렇게 하기로 했다. 그런데 어느 날 서울시의 담당 과장이 나를 방문했다. 영동 개발 계획에 협조해 주셔서 대단히 고맙다는 말과 함께 무언가 보답을 해야겠는데 하면서 꺼낸 이야기가, 당시 나와 사무관들이 모여 있는 자리에서 앞으로 영동 지역 땅값이 엄청나게 오를 것이다, 그러니 그 쪽에 주택 마련을 위해 100평 내지 200평 정도 땅을 사두면 큰 이득을 볼 것이라면서 강남의 요지가 될 것으로 예상되는 거점까지 이야기해 주었다.

나는 땅 살 돈도 돈이거니와 땅을 사 둔다는 생각은 해 본 적이 없던 때라 웃어 넘겼다. 그러나 그 과장이란 사람이 너무나 간곡하게 권유하는 터라 일단은 그냥 돌려보내고, 그때 동석했던 사무관 한 사람 보고 "당신, 영동 지구 개발 현황도 볼 겸 그 사람 이야기대로 앞으로 전망이 괜찮은 곳인지 한 번 답사하고 오라."고 했다. 그 사무관도 무척이나 고지식한 사람이라 다녀오고 난 뒤 하는 소리가, "과장님 생각도 하지 마십시오. 가보니 허허벌판이고 고무장화를 신지 않고는 다닐 수 없을 정도로 땅이 온통 진흙탕이라 그냥 대충 보고 왔다."는 것이다. 그래 평당 가격은 얼마라고 합디까? 하고 물어보니 2만 원 정도인데 찾아오는 사람이 아무도 없다고 하더라는 것이다. 그 일은 그것으로 일소에 붙이고 끝을 냈다.

그런데 세월이 흘러 그 지역이 바로 지금 강남의 금싸라기 땅이 될 줄이야 생각이나 했겠는가. 지금 강남 신사동 네거리 지역이었다. 나중에 그 사무관과 우연히 만나 이 이야기를 할 때마다 "당신이나 나나 재운은 없는 사람이오." 하고 한바탕 웃은 적이 있다.

02

1988년의 대대적인 부동산 투기 조사

1988년 3월, 내가 제7대 국세청장에 부임한 해에도 부동산 투기 열풍이 10년 만에 또 돌아와 큰 사회문제가 되었다. 나는 평소에 우리나라 재산가의 재산 보유, 거래에 따른 세금이 과연 적정하게 되고 있는지에 관심이 많았다. 소득 재분배 측면에서나 과세 공평의 측면, 또 세수 확보 면에서 재산 관련 소득에 대한 과세에 우선 행정력을 집중 투입하기로 생각을 하였다. 더욱이나 부동산 투기 억제를 위해서도 시기가 적절하다고 생각했다.

나는 무슨 일을 할 때 할 수 있으면 여러 가지 목적을 동시에 달성할 수 있는 일을 골라서 하곤 했다. 내가 청장으로 부임한 후 처음으로 특별 계획을 세워 집행한 일이 바로 이 일이었다. 그리고 우선 필요한 것은 이일을 집행할 사람(간부)을 생각하였다. 내 공직생활을 되돌아보면 무슨 특별한 일(계획 수립, 집행)을 하고자 할 때는 항상 누구와 이 일을 할 것인가를 생각했다. 이를테면 1980년 7월 재무부 세제국장으로 부임하면서 당시 5공 초기의 세제 개혁 작업이 큰 과제였다.

나는 담당 국장으로서 당시 이승윤 장관께 건의했다. "세제국 과장들을 능력 있는 사람으로 배치하고자 하는데 허락해 주십시오." 이 장관은 흔쾌히 승낙했다. "국세청에서 데려오든 어디에서 데려오든 당신이 알아서 유능한 사람을 데려오도록 하시오." 그리고 내가 데려온 과장들을 그대로 인정해 주셨다. 지금 생각해 보면 이 장관은 사심 없는 분이고 솔직한 분이었다.

그리고 세제 개혁의 중요성을 실감하고 이를 집행할 유능한 인재를 주무국장한테 일임하였던 것이다. 정말 파격적인 인사 조치였다. 당시 나는 세제국 과장 4명 중 두 사람을 새로 데려 오기로 했다. 우선 조세정책과장에 이석희 씨(당시 서울 성북세무서장. 나중에 국세청 차장 역임), 직접세 담당관에 이근영 씨(당시 남대문세무서장. 뒤에 재경부 세제실장 역임, 퇴임 후 산업은행 총재, 금감위원장 역임)를 발탁했다.

내가 이 이야기를 쓰는 이유는 당시 중앙 관서 국장의 권한이 얼마나 막강했는지 그 일면을 이야기하고 싶어서이다. 그리고 정부는 일 위주로 사람을 쓰고(지연, 학연을 떠나) 국장 중심으로 모든 권한을 행사하고, 정책을 세워 집행한 결과에 대해 모든 책임까지 지는 당시의 공직 사회 풍속도의 일면을 말하고 싶기 때문이다. 그리고 윗사람은 국장을 중심으로 헌신적으로 일할 수 있는 분위기를 만들어 주었다고 본다.

국세청의 초기 부동산 투기 조사 특별 계획도 마찬가지였다. 나는 실무 과장을 제일 중요시했다. 나는 본청 재산세 담당 과장을 물색했다. 내가 구상하고 있는 계획을 공격적이고 성공적으로 집행할 사람을 찾았다. 당시 마포세무서장으로 있던 황재성 씨(후에 서울지방 국세청장을 끝으로 퇴임했음)를 발탁했다. 고시 출신은 아니나 실무에 밝고 일에 능동적인 자세가 마음에 들었다(공인회계사 출신).

그리고 1차 조사 계획을 지시했다. 얼마 후 담당 직세국장이 계획서를 보고하였다. 1단계로 조사 대상자를 개인 부동산 투기 혐의자 약 200명으로 해서 올라왔다. 나의 계획은 첫째, 당시 부동산 투기를 진정시키는 것, 둘째, 이 기회에 재산 관련 세금을 철저히 조사해 공평 과세를 해 보자는 것, 셋째는 부동산 보유에 대한 국민의 인식을 한번 바꾸어 보아야겠다는 것이었다. 세수 확보는 이차적인 문제였다.

곧 국·과장에게 새로 판을 짜라고 다시 지시했다. 일을 한번 벌여 볼 각오였다. 국세청 전 직원을 동원해서라도 좋으니 최소한 조사 대상자를 1천 명 이상 잡도록 지시했다. 조사는 나의 계획대로 지방 국세청, 세무서 전문 요원을 총동원하다시피 해서 진행되었고, 중앙의 주요 일간신문에는 이 조사 계획이 대서특필되었다.

이 계획의 조사 과정(당시 국세청 직원 1만 4천 명의 55%인 8천 4백 명이 이 조사에 동원)과 결과는 여러 면에서 많은 파장을 몰고 왔다. 첫째는 부동산 투기자 명단을 공개하라는 것이었고, 둘째는 조사 과정에서 많은 부탁이 들어왔다. 심지어 세금은 얼마든지 낼 터이니 투기자 명단에서 이름만은 빼 달라는 것이었다. 부동산 투기자라는 낙인이 두려웠던 것이다. 셋째는 대상자 선정이 잘못된 경우도 드러났다.

첫 번째로 부딪친 문제는 언론사로부터, 그리고 정치권으로부터 투기자 명단을 공개하라는 요구였다. 그 해 10월 국정감사(1988년 여소야대 시절) 때는 여러 가지 이슈가 많았지만, 그 가운데 가장 큰 이슈가 된 것이 투기자 명단 공개 문제였다. 너무나 많은 사람을 대상으로 대규모 세무조사를 벌였기 때문에 그만큼 사회적인 반향이 컸다고 본다.

당시 부동산 투기가 극성을 부리고 있을 때라 세무조사에 대한 일반 국민들의 반응은 긍정적이었다. 부동산 투기가 당시 국민경제에 얼마나 나쁜 영향을 미치고 있었는가는 여기서 장황하게 설명하지는 않겠지만, 여하간 그 당시 사회 분위기는 부동산 투기자는 대부분이 돈 많은 재산가들이고 투기 행위 자체가 반사회적인 행위로까지 치부할 정도로 부동산 투기에 대한 일반 서민들의 생각은 대단히 부정적이었다.

때문에 언론은 말할 것도 없고 국정 감사장에서는 다른 중요한 사안이 있음에도 오로지 투기자 명단 공개 여부로 설전이 계속되었다. 공개 문제에는 당시 여야가 따로 없었다. 결국은 미리 준비가 되었던 투기자 명단이 들어 있는 대장을 국정 감사장 내에서 의원들만 볼 수 있도록 하되 외부에는 공개하지 않는다는 조건으로 마무리가 되었다. 의원들이 돌아가면서 대장을 다 훑어보았다. 호기심에 가득한 눈초리로 명단을 일일이 훑어보는 의원들의 모습을 카메라맨들이 집중 조명하였고, 중요한 인물에 대해서는 확대 조명하는 사태까지 생겼다.

아마 의원들은 자기가 알고 있거나 사회 저명인사들의 명단이 있는지 여부에 관심이 있었으리라고 본다. 이 명단 공개 문제로 나는 며칠을 고민하고 간부들과 의논도 여러 차례 하였다. 이 기회에 그 당시 이 문제(반평생을 세정에 몸담아 온 사람으로서 명단 공개에 대한 나의 신념)의 일단을 이야기하고자 한다.

세무 행정은 그 하나하나가 개인의 사생활, 기업 경영에 많은 영향을 미친다고 본다. 따라서 세무조사는 말할 것도 없고 과세와 관련되는 모든 행정처분은 반드시 법령에 근거를 두고 엄격하게 집행해야 한다고 생각한다. 이를테면 당시 부동산 투기자 명단 공개 문제도 법에 따라 추징, 사법 조치, 검찰 고발 과정에서 공개되는 것은 모르겠으나, 그 외에 추가로 명단 공개 등 일종의 행정 공표를 한다는 것은 인격 처벌, 명예 벌적 제재를 함으로써 부동산 투기 억제라는 행정 목적 달성에는 큰 도움이 될지는 모르겠으나 이것은 법에 없는 '일종의 인민재판'이나 지나친 과잉 행정 처분이라고 생각되었다.

따라서 아무리 반사회적인 행위를 했다 하더라도 적법하게, 그리고 죄와 벌이 형평에 맞게끔 행정 조치를 해야 한다고 생각하였다. 어떤 의미에서 이 같은 명단 공개 행정은 행정 편의 위주의 행정 방식이라고도 생각했다. 이런 논조로 의원들에게 명단 공개의 어려움을 설득하였으나 의원들은 국세청이 부동산 투기자를 무슨 이유로 보호하려고 드느냐, 공개 못할 사회 저명인사라도 들어 있는 것이 아니냐는 등 계속 공격의 고삐를 늦추지 않았다.

나는 평소 세정을 집행함에 있어 결코 감정을 개입시켜서는 안 된다고 생각하였다. 나 자신도 그 당시 부동산 투기자의 투기 행위를 생각하면 명단 공개 이상의 조치도 하고 싶은 심정이었으나 법을 집행하는 공직자는 항상 냉철해야 한다고 생각하였다.

당시 야당 의원 가운데 한 분(홍영기 의원)이 나의 설명을 이해해 주셨다. 이미 고인이 되었지만 내가 존경하는 야당 의원 중 한 분이었다고 기억된다. 검사 출신 변호사였던 그분은 설사 야당이라 하더라도 사리에 맞고 법에 맞게 이야기하면 승복을 해 주는 분이었다. 부동산 투기자 명단 공개 문제는 1988년 10월 국정감사에서 이렇게 넘겼으나, 그 이후 부동산 투기가 계속 사회 문제화되면서 명단 공개 문제가 새로운 극약 처방으로 등장하게 되었다.

그 후에도 계속되는 부동산 투기자 조사 과정에서 세금 추징만 가지고는 행정 목적과 공익의 목적을 달성할 수 없는 지극히 반사회적이고, 부도덕한 투기 행위자가 발견되었다. 부동산 투기 심리 근절 등 행정 목적 달성이라는 공익성과 공개하지 않음으로써 얻을 국민의 사생활 보호라는 공익성을 어떻게 조화시킬 것인가 하는 문제로 다시 고민하기 시작했다.

결국 '개인의 사생활을 보호해 줄 가치가 없는' 상습적이고 전문적인 투기자 명단만이라도 기준을 정해 제한적으로 공개하기로 결정했다. 이것도 집행상 어려움이 많았다. 그 기준을 어떻게 정할 것인가. 10번 이상 부동산 투기한 자라고 정한다면 9번 한 자는 빠지게 되는 문제, 투기 금액을 기준으로 할 것인가, 투기 내용을 기준으로 할 것인가. 어떻든 객관적인 기준이 마련되어야지 주관적인 판단이 개입되어서는 안 된다고 생각하였다.

여러 가지 객관적인 기준을 마련하여 컴퓨터로 명단 공개 대상자를 초기에 약 200명 정도 선정했다. 공식적으로 국회에 제출하고 언론에 공개한 것은 물론이다. 사회적으로 엄청난 기사 거리가 되었고, 해당 투기자와 그 가족의 사회생활에 치명적인 영향을 준 것은 사실이었다. 예상 이상으로 부작용도 많이 나왔고, 사회에 끼치는 충격이 컸었다. 주로 의사, 변호사가 해당되는 경우가 많았고, 모 대학 재단 이사장 등 사회 저명인사가 다수 포함되어 있었다. 모 산부인과 여의사의 경우 사회적으로도 명망이 있던 분이었는데 명단 공개로 엄청난 인격상의 처벌을 받았던 것에 대해서는 지금도 안타깝게 생각한다.

초등학교에 다니는 아이 이름으로 상습 투기한 경우, 그 아이 이름이 공개되어 그 아이가 학교를 그만두어야 할 정도로 심각한 문제가 발생하기도 했다.

지금 생각하면 이 아이의 명단 공개는 좀더 신중하게 생각했어야 했다는 아쉬움이 남는다. 나의 행정 실수로 자인하고 싶다. 너무 객관적으로 일을 추진하다 생긴 결과로 본다.

이 경우 부모의 이름을 대신 공개할 수도 있었으나 그렇게 되면 사안에 따라 주관적인 결정이 되기 때문에 어느 특정 개인을 봐주었다는 비난도 나올 수 있었을 것이라고 생각된다. 여하튼 부모 잘못으로 그 아이가 받은 충격에 대해서는 우리 모두가 책임을 져야 한다고 본다.

또 한 가지 가슴 아픈 일은 명단 공개 대상은 아니나 고시 출신의 국세청 젊은 사무관 한 사람이 투기 조사 대상자에 걸려들었다(당시 일선 세무서 과장). 처가에 돈이 있어 부동산에 손을 댄 것으로 보고되었다. 일벌백계로 장래가 촉망되는 젊은 사무관의 사표를 받게 되었는데, 지금 생각해 보면 그 당시 분위기로서는 어쩔 수 없

었겠지만 나로서는 지금까지 너무나 가슴 아픈 일 중 하나로 남아
있다.

1980년대 말 부동산 투기 양상과 정부의 노력

1988년에 일기 시작한 부동산 투기는 1989년에 들어와서는 진정 국면을 보였으나 아직도 토지, 주택 가격 상승에 대한 기대 심리가 잠재하고 있었다. 특히 서울의 경우 강남 지역의 대형 아파트를 중심으로 가격이 크게 상승하였으나 실제 조사를 해 보니 그 당시 학군과 소득수준 향상 등에 의한 실수요 거래도 많았다.

그러나 당시 정부의 북방 정책과 관련하여 관련 지역에 대한 투기가 있었고, 서울 등 대도시 지역 사람들이 투기 목적으로 취득한 경우가 많았으며, 초기에 투기를 조장한 다음 잠적하거나 변칙 거래 방법 등 투기 행태가 점차 지능화되고 있었다. 특히 분당, 일산 등 신도시 건설 계획과 관련하여 주변 지역은 개발 기대 심리로 지가가 상승하고 있었다. 일반적으로 보아 그 당시 땅값, 집값이 얼마나 폭등했는지 그때 한 조사를 가지고 몇 가지 사례를 보여주겠다.

서울 강남구 압구정동 현대아파트 48평형이 1988년 12월 31일 220백만 원이던 것이 약 6개월 후인 1989년 6월 15일 300백만 원으로 36%나 가격이 상승하였고, 방이동 선수촌아파트의 경우 40평형이 1988년 12월 31일 140백만 원 하던 것이 1989년 6월 15일 210백만 원으로 50%나 가격이 상승하였다. 토지의 경우 분당 주변 지역 대지의 경우(중등급) 1988년 12월 31일 평당 13만 원이던 것이 1989년 6월 15일 26만 원으로 100% 가격 상승이 있었고, 같은 지역 전답의 경우 1988년 12월 31일 평당 3만3천 원이던 것이 1989년 6월 15일 6만 원으로 가격이 약 82% 상승하였다.

6개월 만에 가격이 이렇게 상승했으니 돈 가진 사람들뿐만 아니라 돈이 없는 사람들도 은행 돈을 빌려서라도 돈 놓고 돈 먹는 부동산 투기 소득에 열을 올리지 않을 수 없었다. '복부인'이란 유행어가 생긴 것도 이때였고, 상가 오피스텔 분양이 호황을 누린 때도 이때였다. 특히 1990년에 들어와서는 토지 투기 거래의 새로운 양상이 나타나기 시작했다.

첫째는 토지 거래의 소규모화였다. 종래에는 지방 밭, 논, 임야 등의 경우 천 평 이상의 대규모 거래가 전체 거래 건수의 50% 이상을 차지하였으나 1990년 초에 들어서면서부터는 천 평 미만의 소규모 거래가 70% 이상을 차지하고 있었다.

둘째 양상은 다수의 중산층도 부동산 투기에 참여하는 현상이 나타나기 시작했다. 과거에는 전문 투기꾼과 여유 계층이 토지 취득을 주도하였으나, 이제는 봉급생활자 등 중산층의 부동산 취득이 증가하고 있었다.

셋째는 외지인의 토지 취득이 더 많아지는 경향이 있게 되었다. 즉 총 거래 중 외지인 취득이 25%~30%로 여유 자금을 갖고 있는 도시인이 투자의 대상으로 가격이 저렴한 지방의 토지, 특히 임야를 취득하는 경향이 많아졌다.

넷째 양상은 탈법적이고 변칙적인 새로운 투기 거래 유형이 나타나기 시작했다. 지가가 낮은 토지 거래 허가 지역에서 허가를 회피하기 위하여 증여로 위장하여 매매 거래를 하거나, 소위 화해 조서를 이용하여 소유권을 이전하는 등 탈법적 거래 행위가 이루어지고 있었다. 또 농지 불법 취득이나 아파트 신규 분양 신청을 하기 위해 주민등록을 허위로 이전하거나, 당시 3년 거주 1세대 1주택 비과세 요건 충족 수단으로 가등기하는 사례도 많이 발견되었다.

한마디로 투기 소득을 벌기 위해 세법 내지는 법률 전문가들의 교묘한 전문지식을 총동원, 국세청의 감시망을 빠져 나가려는 편법을 도처에서 발견할 수 있었다. 국세 행정 당국은 항상 뒤늦게 이 사실을 발견하고 법적 조치를 강구하는 상황이 되어 가고 있었다. 부동산 투기꾼들은 말할 것도 없고 투기 소득을 노리는 소위 복부인의 경우 현실적인 세법 지식이나 부동산 거래에 따른 법률 상식은 일선 세무서 직원들보다 더 잘 알고 있는 것이 아닌가 하는 생각이 들 정도로 교묘했다.

내가 극히 염려했던 것은 이대로 가다가는 특히 일부 투기꾼의 범주를 넘어 봉급생활자 등 중산층과 사회 전체로까지 부동산 투기 심리가 확산되지 않을까 하는, 그야말로 극한 상황 인식이었다.

그래서 나는 이 같은 상황에서 정부가 해야 할 일이 무엇인가, 어느 부서가 이 일을 주도적으로 해 나가야 할 것인가로 고민했다. 이 문제는 비단 세금만의 문제가 아니고 손쉽게 돈을 벌려고 하는 사회 분위기, 교묘하게 법망을 피하면서 불로소득을 노리는 사회 분위기(그 당시 투기꾼들의 말은 "세금은 다 낸다. 문제될 것이 뭐 있나?"였다), 교묘하게 법의 미비점, 또는 허점을 이용하여 너도나도 투기 소득을 벌겠다는 사회 분위기가 문제였다. 국세청은 다른 업무를 잠시 유예하는 일이 있더라도 이 부동산 투기 심리라는 불을 끄는 일이 가장 급선무라고 생각했다.

1990년 3월 국세청은 부동산 투기 심리를 근절하기 위해 대대적인 조치를 강구하기 시작했다. 우선 1990년을 투기 심리 근절의 해로 정하고, 투기 근절을 최우선 과제로 삼아 국세청의 행정력을 최

대한 집중하기로 했다. 우선 전국 규모의 일제 조사를 단계적으로 시행하기로 했다.

가수요 취득자, 탈법 거래자, 고액 부동산 거래자 등 1,100명을 대상으로 부동산 조사 요원 620개 반 1,739명을 투입 집중 조사를 하기 시작했다. 위장 증여, 가등기, 위장 화해 등 거래 유형별로 그리고 연소자, 부녀자, 외지인 등 취득자 유형별로 개발 예정 지역 등 주요 지역별로 조사 인력을 집중 투입하여 투기 심리가 근절될 때까지 연중 계속하기로 했다.

또한 투기 행위자 정보관리센터를 운영하여 투기 혐의로 전국 일제 조사와 지방 국세청 부동산 특별 조사반의 조사를 받은 자에 대하여 본인을 비롯한 가족의 인적 사항과 부동산 취득, 양도 상황, 소득 상황 등을 사람별, 가구별로 전산에 입력하여 체계적으로 누적 관리하도록 했다.

전산에 입력된 누적 관리 대상자 가운데 거래 회수, 거래 규모, 거래 목적, 거래 방법 등으로 보아 상습 투기 행위자로 판단되면 색출하여 특별 조사 대상으로 하였다. 마지막으로 한 일은 투기 예방을 위한 홍보였다. 전국 주요 지역과 개발 지역에 "부동산 투기를 다 함께 막읍시다." 라는 내용의 안내문 25만 부를 배포하는 한편 개발 예정 지역에서 관할 세무서 주관으로 '내 땅 지키기 운동' 까지 전개했으니, 지금 와서 생각해 보면 그 당시 부동산 투기가 얼마나 극심했으면 지역 주민에게 부동산 투기 추방에 협조해 달라고 홍보까지 했을까 하는 생각이 든다. 그 효과가 어느 정도였는지는 의문이지만 당시 정부에서 부동산 투기 억제를 위한 극단의 대책으로 '토지초과이득세' 제도를 도입하여 시행(1991년)하기 위한 준비 단계에 있었기 때문에 이 법의 내용도 함께 홍보하기 시작했다.

앞으로 이 법이 시행되는 경우 엄청난 세 부담을 지게 된다는 내용의 세 부담 분석 사례까지 만들어 홍보하였다. 한마디로 앞으로 투기를 해서 토지 초과 이득을 내면 몰수에 가까운 정도의 세 부담을 지게 될 테니 아예 투기는 할 생각을 하지 말라는 경고였다. 토지초과이득세는 뒤에 이야기하겠지만 그 당시에는 하나의 극약 처방으로, 그 후 많은 문제를 남기고 세정사의 뒤안길로 사라지게 된다.

1990년 전후 대기업의 부동산 투기 상황

1990년 5월 8일 부동산 투기 억제를 위한 특별 대책이 마련되었다. 대책이 나오기 며칠 전 관계 기관(내무부, 재무부, 건설부 장관, 청와대 경제 수석, 국세청장 참석)이 대책을 숙의하였다. 그 중 기업의 부동산 투기 대책과 관련해서 특기할 사항은 계열 기업군의 비업무용 부동산 보유 실태를 파악해서 일정 기간 내에 매각 처분을 유도하겠다는 것이었다. 당시 김종인 청와대 경제 수석은 계열 기업군들의 과도한 부동산 보유에 대하여 대단히 부정적인 견해를 가지고 있었고, 어떤 의미에서 이 점이 당시 부동산 투기를 부채질한 것이 아니냐는 시각에서 강력한 대책을 행정부(특히 재무부와 국세청)에 주문하였다. 나도 당시 대기업의 부동산 보유 실태를 잘 알고 있는지라 전적으로 김 경제 수석과 같은 생각을 하고 있었다.

그래서 나온 대책 가운데 하나가 국세청이 대기업의 부동산 보유 실태를 면밀히 조사해서 비업무용 부동산은 일정 기간 내에 처분하고 그 돈으로 은행 빚을 갚으라는 강경책을 내놓게 되었다. 집행은 국세청이 주관하되 여신 담당 은행이 협조를 하도록 하였다.

나중에 이야기하겠으나 집행 과정에서 대기업들로부터 많은 저항과 문제점이 제기되었다. 지금 와서 생각해 보면 자본주의 시장 경제하에서 기업 재산을 비업무용이라는 잣대로 무조건 매각처분하고 은행 빚을 갚으라는 조치는 무리한 행정 집행이긴 하였다. 그러나 그 후 대기업들로 하여금 투기 목적이든 다른 목적이든 간에 재산 증식 목적으로 부동산을 과다하게 보유해 오던 기업 경영 관행에 상당한 영향을 준 것은 사실이다. 이 점에서 기업의 재무구조 개선이란 측면에서 꾸준히 기업 경영 행태에 대한 좀더 강력한 감시를 해오지 못한 것이 아쉽게 생각된다.

어떻든 그 당시 국세청은 행정력을 총동원하다시피 하여 48개 그룹 695개 기업에 대한 비업무용 부동산의 조사와 판정을 했고, 30대 그룹의 임직원 등 제3자 명의 취득 부동산에 대한 자진 신고와 이에 대한 실태 조사를 실시하였다. 우선 1990년 5월 말까지 5대 그룹을 조사하였고, 나머지 44개 그룹은 6월 말까지 조사를 마쳤다. 1989년 12월 말 현재 보유 부동산 자료를 대상으로 비업무용 판정 기준에 따라 서면 심리나 현장 실시 조사 확인 조사의 방법으로 조사를 실시했고, 이를 위해 224명의 계열 기업군 부동산 실태 조사반을 편성 운영했다.

참고로 1990년 6월 초에 끝난 5대 그룹(179개 업체)의 부동산 보유 실태를 보면, 비업무용 부동산이 총 1천1백만 평, 3,411억 원으로(3자 명의 신고 분 포함) 5대 그룹 총 보유 부동산 약 6천만 평의 18.4%, 장부가액 총 7조 6,900억 원의 4.5%에 달했다.

그 비업무용 부동산의 내용을 보면 목장, 임야, 골프장, 연수원과 복지시설 등 비생산적인 목적의 부동산(70~80%)이 대부분이었고, 기타 취득 후 일정 기간 사용하지 않는 공장, 건물 등의 기준 면적 초과분이었다. 이중 공장, 건물의 부속 토지, 골재 채취, 주택 건설 등 생산적인 목적의 부동산(20~30%)도 있어 생산 활동에 관련되어 사실상 처분이 어려운 비업무용 부동산에 대해서는 나중에 매각 처분에 예외를 인정해 주도록 했다.

어떻든 당시 계열 기업군(48개 그룹, 695개 기업)의 비업무용 부동산 실태 조사 결과 판정된 48개 그룹 전체 비업무용 부동산은 총 7,285만 6천 평, 금액으로는 1조 159억 원으로 그 당시 총 보유 부동산 20,634만 9천평의 35.3%, 금액으로는 5.8%에 해당했다.

그룹별 비업무용 부동산 현황

(천 평, 억 원)

구분	총 보유		비업무용		비율	
	면적	금액	면적	금액	면적	금액
총계(48개)	2억 6,349	17조 6,021	72,856	10,159	35.3%	5.8%
5대 그룹	60,190	76,929	10,981	3,432	18.2%	4.5%
43개 그룹	1억 46,159	9조 9,092	61,875	6,727	42.3%	6.8%

비업무용 판정 사유 별로 그 내용을 보면,

① 목장, 임야 등 업무와 관련이 적거나 개발 제한 구역 등 사용이 제한되었음에도 처분하지 않아 법률상 비업무용인 부동산이 가장 많았으며, ② 공장, 사무실 등을 짓기 위해 취득하였으나, 일정 기간 내에 업무에 사용하지 않은 부동산이 그 다음 순서로 많았고, 기타 공장 등의 부속 토지로서 적정 기준 면적을 초과하여 사용한 경우 등이 있었다.

당시 조사 결과 대기업의 경우 제3자 명의로 부동산을 보유하고 있는 경우가 상당히 많았는데, 30대 그룹의 경우 제3자 명의 부동산은 총 보유 부동산 대비 면적으로 5.8%로 1,189만 9천평(금액 1,689억 원)이나 발견되었다. 회사 소유로 된 제3자 명의 부동산은 대부분(91%)이 회사 자산(미결산 계정)으로 계상되어 있었으나 비업무용이 전체의 61.6%에 달하였다.

여하튼 당시 우리나라 대규모 기업집단의 부동산 보유 실태 조사에서 나타났던 문제점을 정리해 보면, 첫째 대기업의 부동산 보유

규모는 예상대로 과도한 편이었다고 생각된다. 기업별로 보면 개별 부동산의 취득, 보유에는 나름대로 이유가 있었겠으나 전반적으로 볼 때 부동산의 효율적인 이용 측면보다는 자산 증식의 목적이 많았다고 보이고, 이런 현상이 부동산의 가격 상승, 투기 유발 등에 상당한 영향을 미쳤다고 생각된다.

이런 점도 우리나라 대규모 기업집단의 불합리한 기업 경영 행태의 한 단면이라고 생각되었다. 은행 부채는 엄청나게 많고 기업의 재무구조가 취약한 상태에서도 다른 한편으로 당장 기업 업무에는 필요하지 않은 부동산에 지나치게 과다한 투자를 하여 부동산의 가격 상승으로 기업 자산의 증식을 도모하는 한편, 이를 담보로 또 다른 은행 대출을 유발하는 경영 방식이 보편화되어 있었다.

지금 와서 생각하면, 실태 조사 결과 비업무용 부동산의 경우 기업의 재무구조 개선을 위해 은행을 통하여 거의 강제 매각 조치를 추진하였으나 강제 매각 수단(은행 대출 회수 등)을 쥐고 있는 금융기관이 그 이후 효율적으로 이 일을 집행하지는 못했다고 본다.

또 한 가지 아쉬운 것은 정부 차원에서 당시 많은 국세 행정력을 동원하여 실태 조사를 했으면 사후 관리 조치로, 대기업 소유의 불요불급한 부동산은 자진 매각을 유도하면서 앞으로 계획 없이 미리미리 확보해 두려는 부동산 취득 속성을 시정해 나가는 꾸준한 행정 조치를 취하지 못한 점은 아쉽게 생각된다.

둘째로 당시 실태 조사에서 보면 기업 경영상 제3자 명의 취득이 부득이한 경우도 있겠으나(예, 공장부지 내 농지 취득, 주민 요구로 부득이 공장 인근 농지 취득) 법령을 어기면서까지 탈법적인 방법으로 취득하는 대기업의 부동산 취득 관행은 당시 하나의 문제였고, 이를 계기로 이 같은 관행은 많이 시정되었다고 본다.

그 이후 조치들을 보면 1990년 5월 8일 부동산 특별 보완 대책의 일환으로 추진했던 대기업의 부동산 실태 일제 조사 결과 5대 그룹의 비업무용 부동산 판정 결과도 당시 은행감독원에 통보하여 매각 처분 업무에 참고하도록 조치했다.

또한 이 결과는 그 이후 시행된 토지초과이득세나 비업무용 부동산에 대한 법인세 과세 업무에 적극 활용했다. 또한 법에 어긋난 제3자 명의 부동산에 대한 과세 처리는 원칙적으로 이를 증여 의제로 보아 증여세를 과세하여야 할 것이나, 당시 법원 등의 판례 취지 등을 감안하여 회사 장부에 계상, 조세 회피 목적이 없는 경우에는 증여세를 과세하지 않았다.

그러나 제3자 명의 부동산에 대한 사실 확인 과정에서 임직원 등 본인이 회사 개발 예정지 등에 일정 규모 이상의 땅을 소유하거나 같은 기간에 부동산 거래가 많아 투기 혐의가 있는 것으로 드러난 30대 그룹 임직원 등에 대해서는 개인 차원에서 별도의 부동산 투기 조사를 실시하고 관련 세금을 추징했다.

그리고 당시 조사 대상인 계열 기업군 이외에 부동산 과다 기업(대기업, 중소기업 부문)에 대해서도 그해 차례로 부동산 실태 조사를 실시하여 당시 기업 경영의 관행으로 해 오던 기업의 부동산 투기 행위에 상당한 제동을 걸었다고 본다. 그 이후 기업, 특히 대기업의 투기 목적 부동산 취득 행위에 대해서는 하나의 큰 변화를 일으켰다고 생각한다.

05

토지초과이득세의 시행과 종말

토지초과이득세(이하 '토초세' 라고 함)는 1989년 12월 31일 제정하여 1990년부터 시행하다가 우여곡절 끝에 1998년 12월 28일 시행 9년 만에 폐지되었다. 앞서 이야기한 대로 1980년대 후반(특히 1988년, 1989년, 1990년)에는 부동산 투기가 극심하였다.

직업과 소득의 규모에 관계없이 모두가 투기에 열을 올리던 때였다. 국세청의 전례 없는 강력한 부동산 투기 조사로 어느 정도 투기 열풍은 가라앉았으나 불로 자본 이득을 노리는 사회 분위기는 단순히 투기 차원 내지 과세 차원을 넘어 사회적인 문제로 대두하게 되었다. '복부인' 이란 말이 나온 것도 이때 일이고 그 시대를 풍자하는 용어가 되어 버렸다.

지방세로서 보유 과세나 국세로서 양도소득세는 부동산 투기에 대한 국민들의 인식을 바꾸는 데는 한계가 있다고까지 생각하게 되었다. 건설부 쪽에서 토지 초과 이득에 대한 과세 문제를 제기함으로써 옛 재무부 세제국에서 이 새로운 조세제도를 검토하게 되었다.

그 당시 나는 국세 행정을 책임지고 있는 사람으로서 새로운 세금에 대해 관심을 안 가질 수가 없었고, 오랫동안 조세제도와 정책에 관여해 온 사람으로서 이 새로운 제도에 대한 나의 의견을 알려야겠다고 생각했다. 그때 재무부 장관은 나와는 대학 동기라 허심탄회하게 이야기할 수 있었고, 세제국장도 내가 세제국장 시절(1980년) 과장으로 같이 동고동락하던 사이였다.

나는 이 제도가 취지는 좋으나 집행상 상당한 무리가 있을 것이라는 점, 그리고 보유 상태에서 미실현 이익에 과세한다는 것은 과세 이론상으로나 각국의 입법례를 보더라도 상당한 문제가 있으므로 굳이 이 제도를 시행하려고 한다면 특정 투기 지역을 지정해서 극히 제한적으로 시행하는 것이 좋겠다는 점과 전국을 상대로 이 토초세를 시행한다면 엄청난 행정력을 필요로 할 것이고, 얻는 것(증세 효과와 투기 억제)보다 잃는 것(엄청난 행정 낭비와 행정비용, 그리고 조세 저항)이 훨씬 클 것임을 지적했다.

그러나 결국 그 해(1989년) 10월 법안이 국회에 제출되고 일부 의원(여야 가릴 것 없이)들의 반대가 있었으나 당시 분위기로는 반대하는 분들은 땅을 많이 가지고 있어 자기한테 이해관계가 있으니까 반대한다는 오해를 살 정도였고 또 실제 그런 분도 있었다. 그래서 법안은 어렵지 않게 통과되었다. 그러나 이 제도가 시행되면 부동산을 많이 가진 사람들이 얼마나 많은 세금을 내야 하는지는 그 당시로서는 아무도 피부로 느끼지 못했다. 행정 부담은 말할 것도 없고 이렇게 해서 1989년 12월 통과 시행하게 되었다.

다음은 이 토초세 법안을 국회에 제안할 때 밝힌 공식적인 제안 이유와 주요 내용을 간략하게 써 두는 것이 도움이 될 것 같다.

제안 경위와 이유

유휴 토지와 비업무용 토지와 같이 주로 지가 상승 이익을 기대하여 보유하고 있는 토지의 지가가 각종 개발 사업이나 사회 경제적 요인으로 정상 지가를 초과하여 상승한 경우 그 소유자가 얻는 초과 지가 상승 이익의 일정 분을 보유 단계에서 토초세로 환수함으로써 현행 양도소득세가 실현된 개발이익만을 과세 대상으로 함에 따른 개발 이익 환수 제도로서 한계성을 보완하고, 지가 상승으로 얻은 불로 자본 이익에 대한 과세를 강화하여 경제, 사회의 공정성과 형평성을 높이며, 지가 안정과 토지의 효율적 이용을 제고하려는 것임.

주요 골자

① 납세의무자는 토지 소유자

② 과세 대상 : 경제적으로 활용되고 있지 않은 유휴 토지와 법인의 비업무용 토지(예, 임대용 토지, 비자경 농지, 나대지, 일정 수익금 미달 토지—주차장, 골프 연습장, 테니스장, 운전 학원용 토지 등)

③ 과세 기간은 3년으로 하고 최초의 과세 기간은 1990년 11월 1일부터 1992년 12월 31일까지임.

④ 국세청장이 지정하는 지가 급등 지역 안의 유휴 토지 등이 정상 지가 상승분의 1.5배를 초과하여 상승하는 경우에는 매 1년마다 토초세 부과 가능.

⑤ 세율은 50%

⑥ 과세표준 계산

과세 기간 종료일의 지가—과세 기간 개시일 지가—과세 기간의 정상 지가 상승분—개량비와 자본적 지출액=과세표준×50%=산출 세액

이 세금의 특징

· 종합 토지세(지방세), 재산세, 양도세(국세)의 보완세적 성격
· 실현되지 않은 자본소득에 과세하는 일종의 자본 소득세
 unrealized capital gain tax(대만의 '토지 증치세' 와 유사)
· 양도소득세가 토지, 주택 거래의 동결 효과Lock-in effect를 초래
 하고 있기 때문에 이를 보완하여 도입, 무거운 토초세 과세를
 피하려면 토지를 매각하거나 기업의 경우 토지의 사업상 이용
 (공장 건설, 빌딩 건설), 유휴 토지 매각, 토지의 효율적 이용
 유도.

1998년 12월 28일 토초세 폐지

토초세법은 '개발 이익 환수에 관한 법률', '택지 소유 상한에 관
한 법률' 과 함께 부동산 투기의 억제와 토지의 효율적 이용을 위한
토지 공개념의 법제화 차원에서 1989년 12월 30일 제정되었던 것이
다. 이 법을 도입하게 된 이론적 배경은 앞에서도 잠깐 언급하였지
만, 종합토지세는 유휴 토지에 대한 투기가 발생할 때 이에 기동성
있게 대처할 수 있는 기능이 없으며, 또한 양도소득세는 세 부담으

로 인해 오히려 토지의 처분과 공급을 저해하는 역기능을 보이면서, 실현된 이익만을 과세 대상으로 하므로 지가가 급등할 때 즉각적인 대응 조치 수단으로서 효과적으로 활용할 수 없는 문제점이 있었다.

이에 반해 토초세는 미실현 지가 상승 이익을 조세로 흡수함으로써 유휴 토지의 공급을 촉진하고 투기를 억제하여 지가 안정에 기여하는 데 역할을 하였다고 본다. 그 동안 토지 허가제의 전면적 실시, 토초세의 도입과 부동산실명제의 시행 등 각종 부동산 투기 억제 정책으로 전국의 부동산 가격은 하향 안정세를 보이면서 1975년 이래 1991년까지 연평균 약 20%에 달하던 지가 상승률이 1992년 이후에는 1%대 이하로 하락하였다.

연도별 지가 상승률

(단위: %)

1989	1990	1991	1992	1993	1994	1995	1996	1997
31.97	20.58	12.78	1.27	7.38	0.57	0.55	0.95	0.31

토초세법은 이 같은 긍정적인 측면에도 불구하고 미실현 이익에 대한 과세와 이중 과세 등의 이유로, 위헌 소원과 소송 등 많은 불복 청구로 납세자와 심한 조세 마찰을 야기했다. 1994년 7월 29일 헌법재판소는 이 법 중 공시지가와 과표 산정, 높은 단일 비례 세율, 양도소득세와의 이중 과세 등 과세 요건에 관한 일부 사항에 대해

헌법 불합치 결정을 내리게 되었다.

이 헌법 불합치 결정으로 법률의 시행이 일시 중단됨으로써, 법 자체에 대한 국민들의 신뢰성이 낮아졌을 뿐 아니라, 과세대상인 유휴 토지의 판정 등에 관한 형평성 시비로 인해 행정 부담이 가중되었다는 부정적인 측면도 지적이 되었다. 이에 헌법재판소의 헌법 불합치 결정을 존중하여 토초세의 도입과 운영에서 비롯된 시행착오를 비롯한 문제점을 근본적으로 시정하기 위하여 이 법의 폐지를 결정한다는 것이 당시 국회 재정경제위원회에서 결정한 이 법의 폐지에 따른 논쟁의 결론이었다.

그리고 이 법이 폐지되더라도 1990~92년 과세 기간에 대한 국세 부과권의 제척除斥 기간이 만료되는 1998년 10월 2일 이후로 시행시기를 규정하였고, 또한 당시 부과 처분 중이거나 법률상 분쟁 중에 있었던 과세 건에 대해서는 별도의 경과규정을 마련하였다. 그리하여 토초세법은 1989년 12월 30일 제정된 이래 우여곡절 끝에 9년 만에 그 수명을 다하게 되었다.

토초세가 남긴 교훈

우선 이 제도 시행의 효과와 문제점을 보면, 첫째 이 토초세의 시행으로 당시 지가가 안정이 되어 우리나라 국민의 토지에 대한 인

식을 바꾸는 계기가 되었고, 토지에 대한 전통적인 인식을 바꾸는
데 다소 기여를 했다고 생각한다. 물론, 그로부터 10년이 지난 2000
년대 들어와서 다시 부동산 투기가 문제되고 있지만, 그때처럼 심
각하게 토지에 대한 소유 집착, 재산 증식의 수단으로 세금을 내는
한이 있더라도 땅을 많이 가지는 것이 부를 축적하는 길이라고 생
각하는 풍조는 그때를 계기로 많이 사라진 듯하다.

토초세가 시행되기 이전까지만 해도 사실 부동산 투기로 돈을 번
사람들이 많았다. 1962년 1차 경제개발 5개년 계획이 시작된 이래
경제개발에 따른 국토 개발이 모든 분야에서 불꽃같이 일어나기 시
작했다. 이 과정에서 공장이 들어서고 생활수준이 향상되면서 주택
이 늘어나고, 그리고 고속도로의 건설과 곳곳에서 국토 건설의 확
장에 따른 토지에 대한 실질적인 수요가 엄청나게 증가하였다.

특히 서울의 경우 1970년 초 영동 지구(지금의 강남) 개발계획에
따라 서울 강남 지역과 서울 경기도 주변의 땅값이 하늘같이 치솟
기 시작했고, 하루아침에 땅으로 인해 벼락부자가 된 사람이 부지
기수였다.

그리고 이때부터 처음에는 돈이 있는 사람부터 다음에는 은행에
돈을 빌려서라도 땅과 집을 사 두어야겠다는 가수요까지 겹쳐 1980
년대 말 1990년 초까지 부동산 투기는 극에 달하였던 것이고, 이때
극약 처방으로 토초세라는 신무기가 등장하게 되었다. 이 제도는
1990년부터 시행에 들어가 처음으로 실제로 조사하여 과세를 하게

된 것은 1991년도였다.

1990년과 1991년은 국세청의 행정력이 거의 토초세에 집중시켜야 할 정도로 엄청난 행정 부담을 안겨 주었다. 내가 예견한 대로였다. 우선 과세 대상인 경제적으로 활용되고 있지 않는 유휴 토지와 법인의 비업무용 토지 여부를 조사하는 일이 엄청난 작업이었다. 그리고 최초 과세 기간이 1990년 1월 1일부터 1992년 12월 31일까지이기 때문에 우선 1990년 1월 1일 현재 전국 토지의 지가를 조사하는 일 또한 황당하리만큼 큰 행정 부담이었다.

건설부, 내무부와 합동으로 조사를 하기로 했으나, 결국 최종 책임은 국세청에 있기 때문에 국세청 직원이 주도하면서 모든 직원이 이 일에 매달릴 수밖에 없었다. 그리고 또 한 가지 국세청장이 지정하는 지가 급등 지역 안의 유휴 토지는 매 1년마다 토초세를 부과할 수 있게 되어 있어 국세청장 지정을 위해 지가 급등 지역 여부(정상 지가 상승분 1.5배 초과 상승 경우)를 조사하는 데도 엄청난 행정력을 소모했다.

이 조사 과정에서 납세자, 토지 소유자 간의 크고 작은 조세 마찰은 이루 말할 수 없었다. 당시 토지 소유자들의 불만이 많았지만 토지 소유자들이 대개 가진 계층이고, 또 부동산 투기를 발본색원 한다는 명분 앞에 다소 부당한 결정이 내려져도 큰소리를 칠 수가 없었다.

그리고 이 토지 조사 과정에서는 마찰이 있어도 당장 세금이 나오지 않으니까 별로 큰 조세 저항이 없었다. 그러나 1991년 들어서면서 토초세(지가 급등 지역 경우) 납세 예정 통지서가 나가기 시작하자 상황은 달라지기 시작했고, 일선 세무서 창구는 물론이고 전화를 통하여 토초세에 대한 문의전화 내지 내용을 확인하는 사태가 물밀듯이 나타나기 시작했다.

어떤 사람은 세액이 엄청나자 일선 세무서에 "착오로 세액에 0을 하나 더 붙인 것이 아니냐."고 물어 오기도 하고, 많은 사람들이 "땅을 팔아 이익도 남기지 않았는데 무슨 세금을 거둬 가려 하느냐."는 등 불평이 한두 가지가 아니었다. 당시 설마설마하다가 막상 예정 통지서를 받고는 큰 충격을 받은 사람도 많았다.

어쨌든 이런 과정을 거쳐 토초세 시행으로 정부가 얻은 이득은 1991년 세수 95,085백만 원, 1992년 60,888백만 원, 1993년 161,313백만 원을 거둬들이고, 이 세수보다 더 귀중한 정책의 성공은 토지 소유자들이 토지 보유에 대한 인식을 바꾸는 계기를 마련했다는 점이다.

이젠 토지를 함부로 가질 수 없겠구나. 재산 증식 내지 재산 보유 수단으로 토지에 대한 보유 의식 내지 관념에 상당한 변화를 가져왔다고 본다. 이를테면 기왕에 가지고 있는 토지 보유에 대해서 개인 재산 관리 측면에서 근본적인 대책을 검토하기 시작했다고 본다. 이 때문에 토지에 대한 투기 열풍은 식기 시작했고, 오히려 토지 가격이 하락하기 시작했다.

그러나 이 같은 행정 목적을 일부 달성하기는 했으나 행정 집행에 따른 엄청난 행정비용, 납세 협력 비용Compliance Cost, 납세자의 조세 저항, 그리고 토초세 부담을 피하기 위한 새로운 건물 신축으로 건물 공급이 넘치는 현상이 초래하는 등 또 다른 문제가 발생한 것은 이 정책이 치른 큰 대가였다고 본다.

이 토초세는 1994년 과세가 유보될 때까지 징수된 세수 규모에 반하여 엄청난 행정력을 투입한 결과를 가져왔고, 조세 이론에 나오는 납세 협력 비용을 무시한 대표적인 조세제도였다고 본다. 내가 1993년도 미국 하버드 법과 대학원의 객원 연구원visiting scholar으로 가 있었을 때, 나의 오랜 스승이었던 올리버 올드만Oliver Oldman 교수는 한국 토초세 제도에 흥미로운 표정으로 깊은 관심을 가지고, "현재 어떻게 진행되고 있느냐, 무엇이 문제냐, 효과가 있었느냐."는 등 여러 가지 질문을 했다. 그러면서 이론적으로 토지의 미실현 이득unrealized capital gains에 과세한다는 것이 얼마나 어려운 문제가 많은가 하는 점을 지적하면서, 하나의 외국의 흥미로운 사례 연구casestudy감으로 연구해 보아야겠다고 했다.

나는 1998년 이 법이 국회에서 폐지될 때 너무나 억울한 심정이 들었다. 1990년부터 1992년까지 집행을 책임졌던 사람으로서 이 기간 동안 너무나 많은 행정비용과 인력을 투입했기 때문에 마치 많은 돈을 들여 투자한 사업이 망해 버린 그런 심정이었다. 나는 오히려 제도를 폐지하지 말고, 시행은 유보하되 앞으로 또 부동산 투기

가 일어나면 다시 사용할 수 있는 제도적 장치로 그냥 남겨 두는 것
이 좋지 않았겠느냐 하는 의견이었다.

아닌 게 아니라 그 후 세월이 흘러 2001년에 들어서면서부터 부
동산 투기가 다시 꿈틀거리기 시작하면서 국세청을 위시한 관계 부
처에서 다시 야단법석을 떨기 시작했던 것이다. 이럴 때 다시 이 보
도寶刀(토초세)를 꺼내 쓸 수도 있었을 텐데라고 생각해 본다.

1991년 8월 11일 《중앙일보》 일요 인터뷰

토초세 사령탑 서영택 국세청장
"땅에 대한 인식 바꿔 놓겠다"

우리는 과거부터 토지에 대한 뿌리 깊은 선호 의식을 갖고 있습니다. 이 때문에 재산 증식이나 보존의 수단으로 땅을 사들이는 게 다반사였습니다. 이 같은 땅에 대한 인식을 바꿔 놓기 위해서는 의식의 대전환이 필요합니다. 이점에서 토초세는 다소 문제가 있더라도 엄정하게 시행할 방침입니다.

공시지가, 세부 규정 등을 둘러싸고 논란도 많았고 토초세 과세에 반발해 인천 영종도, 대구 수성 지구 등에서 집단 민원이 생겨나는 등 적지 않은 조세 저항이 일고 있는 게 사실이지만 부동산 투기가 국민 경제에 미치는 악영향을 잠시라도 잊어서는 안 되고, 정부의 부동산 정책이 조금만 해이해져도 투기가 되살아나는 점을 감안 토초세를 골

자로 하는 토지 공개념 정책은 지속적으로 추진되어야 한다고 봅니다.

질문— 토초세 예정 통지를 받은 납세자들의 불만이 큰 것 같습니다.
답— 알고 있습니다. 세 부담이 엄청 큽니다. 땅을 팔아 이익도 남기지 않았는데 무슨 세금을 거둬 가려 하느냐, 공시지가 조사가 불공평하게 이루어졌다는 등의 불만이 터져 나오고 있는 줄도 알고 있습니다. 설마설마하다가 막상 예정 통지서를 받고는 큰 충격을 받은 사람도 많습니다. 어떤 사람은 세액이 엄청나자 일선 세무서에 "착오로 세액에 0을 하나 더 붙인 것이 아니냐."고 물어 오기도 했답니다. 비단 이번에 과세대상에 들어 있는 사람뿐만 아니라 토지를 갖고 있는 사람들은 죄다 토초세를 싫어한다는 것은 분명합니다. 그러나 어느 제도건 처음 시행하는 과정에서 부작용이나 문제점이 드러나게 마련입니다. 법을 제정할 때 예기치 못했던 문제점도 있을 수 있습니다. 경우에 따라서는 다소 억울하게 세금을 내는 사람도 있고 요행히도 과세대상에서 빠져나간 사람도 있다는 사실을 인정합니다. 하지만 이런 점을 이유로 토초세 제도나 취지, 목적을 부인하는 건 곤란합니다.

질문— 나타난 문제점을 보완하실 계획은?
답— 예외적인 경우를 시정하기 위해 쉽게 제도를 보완해서는 안 됩니다. 또 법의 해석이나 집행의 기준을 그때그때 달리하면 또 다른 문제점이나 부작용을 낳게 마련입니다. 법의 제정도 어렵지만 집행은 더욱 어려운 것입니다. 특히 국민의 재산권과 관련된 세법의 집행은

엄격히 해야 합니다. 법의 테두리 내에서 엄정한 집행을 통해 부작용
이나 문제점을 최소화 해 나갈 계획입니다. 나타난 문제점은 내년에
가서나 손 볼 작정입니다.

질문— 세 부담이 너무 크다는 지적에 대해서는 어떻게 생각합니까.
답— 미실현 이익에 대해 과세가 되는 만큼 세 부담이 큰 것은 틀림없
습니다. 그러나 토초세는 단순히 세금을 더 많이 걷기 위해 만든 세금
이 아닙니다. 세 부담을 느끼지 않을 정도의 세액으로는 토초세가 의
도한 목적을 달성하기 어렵습니다. 다시 말해 부담스러울 정도의 세
액이라야 납세자들이 토지에 대한 인식을 바꾸고 노는 땅을 파는 등
토지 소유에 대한 근본 대책을 세울 것이 아닙니까. 예정 통지를 받은
사람은 설사 세 부담이 크더라도 토지를 가진 것에 대한 사회적 비용
이라고 생각하고 성실하게 납부해 주길 바랍니다.

질문— 그처럼 세 부담이 무거운 토초세를 국민들에게 어떻게 설득하
시렵니까?
답— 사유재산제 하에서도 토지는 공공재라는 인식이 뿌리내릴 수 있
도록 해야 합니다. 좁은 국토가 국민 모두에게 골고루 이익이 되도록
이용이 극대화돼야 하지 않겠습니까. 그런데도 지금껏 많은 기업은
땅이 100이 필요하다면 좁은 국토를 감안해 80을 가져야 하는데도 오
히려 120을 가지려 했고 개인도 땅 사재기에 몰두한 게 사실이었습니
다. 이런 측면에서 토초세를 이해해야 합니다.

질문— 이번에 토초세가 과세되는 사람은 주로 어떤 사람입니까?

답— 거의 대부분이 '가진 계층'이라고 보면 됩니다. 과세 대상 토지의 50% 이상이 외지인들이 갖고 있는 것이었습니다. 영종도의 경우 예정 통지를 보낸 사람 3천8백 명 가운데 무려 72.9%가 외지인이었습니다.

질문— 외지인은 그렇다 하더라도 현지인들은 투기 목적으로 땅을 산 것도 아닌데 왜 토초세를 매기느냐며 항의를 한다던데요.

답— 토초세의 목적은 각종 개발 사업과 사회경제적 요인으로 노는 땅의 값이 많이 올라 소유자가 초과 이득을 얻는 경우 조세로 흡수함으로써 조세 부담의 형평, 땅값 안정, 토지의 효율적인 이용 등을 꾀하는 데 있습니다. 노는 땅을 갖고 있는 사람은 땅값이 오른 정도에 상응하는 세금을 내라는 것입니다. 땅을 팔았을 때 매기는 양도소득세만으로는 부동산 보유 심리를 근절하는 데 한계가 있습니다. 토초세는 양도하기 전이라도 땅값이 많이 오르면 보유 단계에서 과세하는 만큼 제2의 재산세이며 동시에 종합토지세의 보완적 성격을 갖고 있다고 보면 됩니다.

질문— 토초세의 과세 기준이 되는 공시지가에 대해 말이 많습니다.

답— 공시지가 자체가 토지 공개념 중 하나인 만큼 공시지가의 공정한 산정이 무엇보다도 중요합니다. 정부도 객관적으로 결정하기 위해 노력을 하고 있지만 무척 어렵습니다. 완벽하지는 않다 해도 1990년대보다는 1991년 조사가 훨씬 정확했다고 봅니다. 그러나 공시지가는 정부의 분명한 행정 착오가 있었다거나 현저하게 잘못된 경우에 한해서만 시정할 작정입니다.

질문— 공시지가 산정과 관련된 로비설도 나오고 있습니다만.

답— 돈을 받고 공시지가를 조작하는 일은 누구든지 함부로 못할 것입니다. 더구나 덩치 큰 땅의 경우 그렇게 조작했을 경우 금방 드러나게 마련입니다. 국세청도 땅 주인이 누구인지를 제일 먼저 파악해 두었습니다.

질문— 앞으로 납세 대상자인 기업이나 개인이 토초세 부과에 따른 심사청구를 많이 할 것으로 보이지 않습니까.

답— 엄청나게 세액이 크니까 심사청구가 많이 들어오고 있습니다. 일부에서는 밑져 봐야 본전이라는 식으로 심사청구를 내고 보자는 경우도 있습니다. 물론 세금을 내야 하는 납세자 입장에서 보면 억울하다는 생각도 없지 않을 겁니다. 그러나 개별 업체별로 사정을 들여다볼 수는 없으며 누구에게나 동일한 잣대로 과세할 수밖에 없습니다.

(○○○ 기자)

2장

상속 · 증여세와 대기업의 공익 재단

• • •

대부분이 어떻게 세금 적게 내고 자식들에게 사전에 상속이나 하든가, 그 동안 즐기지 못한 것 마음껏 해보든가, 아니면 공익 재단을 세워 후손들을 위해 재산을 변칙 상속하거나 운영을 하는 것이 고작이었다. 일부라도 사회에 환원하여 모은 재산을 가치 있게 쓰는 사례는, 그 당시 60, 70대 재산가들에게는 거의 기대할 수 있는 일이 아니었다고 생각된다.

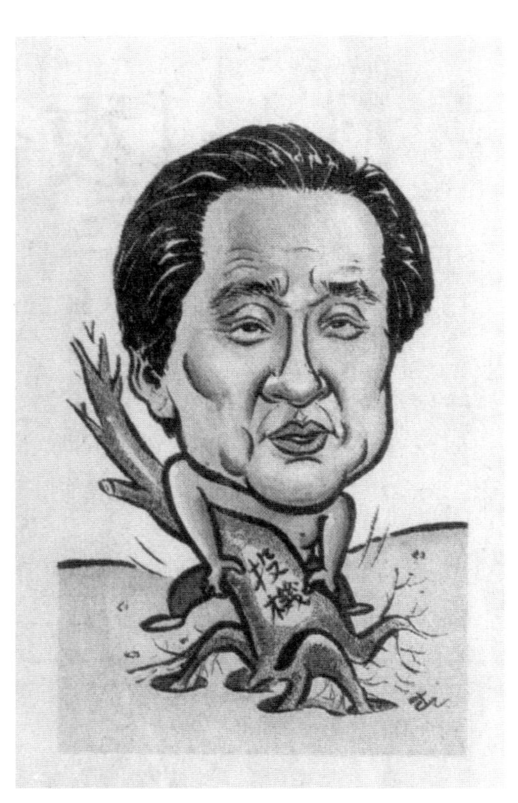

국세청장 시절 신문에 난 삽화.

01

공직자의 눈에 비친
대재산가의 그림자

1988년 3월 국세청장으로 부임하고 나서 부동산 투기와 관련한 주택과 토지 등 부동산에 대한 대대적인 세무조사(양도소득세, 증여세, 상속세 등)를 하고 있을 무렵이었다. 하루는 지방에 있는 중견 기업의 회장으로부터 청장 면담 신청이 들어왔다. 지역구 국회의원으로부터 무슨 우여곡절이 있는 듯하고, 지역 경제 발전에 공헌도 한 분이며 연세도 드신 분이니까 한번 만나 사정을 들어주었으면 좋겠다는 소개도 있었다.

만나 보니 70대 초반 정도 되는 분이었다. 사연인즉 내가 그 동안 열심히 일을 하고 또 근검절약하면서 살아왔는데, 이제 나이 들어 그 동안 모은 재산을 시원찮은 자식들에게 다 물려주기는 아깝고, 나도 이제는 좀 즐겁게 살아야 되겠다 싶어 소실을 하나 두었다.

강원도에 소실 이름으로 농장을 하나 마련해서 공기 맑고 경치 좋은 곳에 살도록 하고, 나도 가끔 들르고 있다. 그러다 보니 매달 농장 경영비나 생활비 조로 얼마를 보내고 있었는데, 이번에 그 농장과 자기 회사에 대해 세무조사가 나왔다는 것이다.

그리고 계속해서 하는 말이, "내가 이 나이가 되도록 고생해서 번 재산으로 소실 위해 좀 썼다 하기로 무엇이 그리 문제가 됩니까? 그럼 나는 이 많은 재산 어떻게 하면 좋소?"라고 약간 항의 조로 이야기를 했다.

나는 부모뻘 되는 이 회장에 대해 세무조사 내용을 아주 쉽게 이해가 가도록 설명을 해 주었다. 그리고 우리 주변에 아직도 어렵고 불쌍한 사람들이 많은데, 고아원이나 양로원 등에 기부나 자선을 하시면 좋은 일도 하게 되고, 또 세무상으로도 혜택을 받을 수 있다는 점을 자상하게 설명해 주었다. 면담이 끝나고 돌아간 뒤 나는 이 70대 재산가의 솔직하고 투박한 말속에 담긴 그 당시의 시대 상황을 음미해 볼 수 있었다.

지난 1960년대 초 경제개발이 시작된 이후 거의 한 세대가 지나면서 창업주 차원에서 그 동안 축적된 부와 재산을 어떻게 처리할 것인가 하는 문제에 직면하였다고 본다. 열심히 돈을 벌기만 했지 벌어 놓은 재산을 어떻게 뜻 깊게 유용하게 쓰느냐 하는 문제에 대해서 대부분의 재산가들은 뚜렷한 가치관이 서 있지 않았다고 본다.

대부분이 어떻게 세금 적게 내고 자식들에게 사전에 상속이나 하든가, 그 동안 즐기지 못한 것 마음껏 해보든가, 아니면 공익 재단을 세워 후손들을 위해 재산을 변칙 상속하거나 운영을 하는 것이 고작이었다. 일부라도 사회에 환원하여 모은 재산을 가치 있게 쓰는 사례는, 그 당시 60, 70대 재산가들에게는 거의 기대할 수 있는 일이 아니었다고 생각된다.

이와 관련하여 나의 다른 경험담을 이야기해 본다. 1990년 초부터 우리나라 대기업 중 일부의 주식거래를 통한 사전 상속 혐의에 대하여 증여세와 관련 기업에 대한 세무조사를 하고 있을 때였다.

증여세 세무조사가 진행 중인 기업의 회장으로부터 오찬을 한번 같이 했으면 좋겠다는 전갈이 회장 비서실로부터 왔다. 당시 대기업 회장의 경우 국세청장에게 식사를 같이 하자고 한 경우나 면담을 요청한 경우는 이것이 처음이었다. 나의 입장에서 보면 기업 총수 보고 식사나 또는 한번 만나자고 이야기할 형편이 아닌 것은 말할 것도 없었고, 또 상대방이 만나자고 해도 선뜻 만나기가 거북했을 것이라고 생각된다.

왜냐하면 국세청장이 다른 평범한 납세자를 만나는 것은 큰 문제가 되지 않겠지만 대기업 회장을 만난다면 금방 소문이 나게 돼 있었고, 국세청장이 어느 대기업과 가까이 지낸다는 소문이 나면 국세청 간부나 조사 요원들에게 업무 집행상 영향을 줄 수도 있을 것이다. 따라서 공식적이거나 업무상 필요한 특별한 경우가 아니면 국세청장의 행보는 조심하지 않을 수 없었다.

그 때문에 점심 식사도 거의 국세청 식당에서 간부들과 같이 하게 되고, 저녁 시간에는 특별한 행사가 있는 경우 외에는 바로 집으로 가는 경우가 다반사였다. 이는 나만의 생활이 아니고 전임 청장들도 대부분 같은 방식으로 행동했다고 본다.

여하튼 이 경우는 현재 조사가 진행 중이라 만나기가 거북하였다. 그래도 업무상 이 사람의 이야기와 생각을 한번 들어보는 것도 의미가 있다고 생각하고 시내 모 음식점에서 만나기로 하였다. 물론 진행 중인 조사와 직접 관련된 회사의 사장은 두어 번 만나 주식 거래를 통한 변칙 상속에 대한 국세청의 입장과 평소 나의 의견을 소상히 설명하고, 그 뜻을 그 회장에게도 꼭 전해 줄 것을 이야기한 바 있다.

특히 당시 변칙 사전 상속 증여에 대한 국세청의 조사는 결코 세무 이외의 다른 목적(이를 테면 정치적 이유 등)은 있을 수 없다는 점을 내 명예를 걸고 명백히 했고, 이 점도 회장께 꼭 전달해 줄 것을 부탁했다. 왜냐하면 당시 대기업에 대한 증여세 조사를 대대적으로 한 적이 없기 때문에 찾아온 CEO의 첫 번째 관심은 이번 조사의 특별한 배경이 있는지 이었기 때문에 이 점을 명백히 해 준 것이었다.

그 회장과는 공식 석상에서 가끔 만나 본 적은 있었으나 단둘이 사석에서 만나기는 처음이었다. 당시 대기업 총수쯤 되면 솔직하게 이야기해서 국세청장쯤은 직접 만나야 할 대상이 아니었다고 생각된다. 그 점에서는 장관도 마찬가지였다고 본다. 특별한 일이 생기면 몰라도 평소에는 별로 생각하지 않는 대상이었다. 그만큼 우리나라 회장의 권위나 위상이 대단했다고 본다.

장관이야 기껏 1년 아니면 길어야 2년 하면 끝나는 자리니까 회사 사장이나 그룹의 가까운 친구(회사 고위 간부)가 있으면 그 사람이 필요한 일을 처리하고 신경을 쓰면 된다고 생각하였을 것이다.

여하튼 처음으로 만나는 자리라 그 장소에 가기 전에 이 사람을 만나서 꼭 이야기해 줄 것이 무엇인가를 곰곰이 생각했다. 더욱이나 현재 그룹에 대해 회장 일가의 변칙 상속에 대해 조사가 진행 중이었기 때문에 나를 만나려고 하는 데는 상당한 이유가 있을 것으로 생각했다.

나는 대기업의 2세들은 몰라도 우리나라 기업의 창업주들에 대해서는, 물론 그룹의 성장 과정에 다소 문제가 있긴 해도 창업주의 기업가 정신, 그리고 우리 경제 발전에 기여한 공로에 대해서는 높이 평가하고 싶고, 개인적으로는 이 분들에 대해 그 어려운 시기에 창업과 기업을 키워 고용을 창출하고, 수출을 하고, 외화를 획득하는 등 우리 국민들의 생활수준 향상과 나라의 경제발전, 국위 선양에 기여한 공로는 충분히 인정하고 싶었다.

그 회장은 업무 관계보다도 주변 생활, 특히 가족 관계에 대해서 깊은 관심을 보였다. 가장 뚜렷하게 기억이 나는 이야기는, "자식들도 많고 손자, 손녀도 많다. 이 애들에게 먹고살 수 있게 사업체 하나씩은 남겨 주어야 할 것이 아니냐." 하는 말이었다. 아주 담담하고 조용하게 이야기하는 모습을 보면서, 그리고 자손에 대한 애틋한 심정을 느끼면서 나는 이분들도 자식과 자손에 대한 생각은 보통 사람들과 다를 바 없구나 하는 생각을 하였다.

꼭 나의 아버지뻘 되는 분이라 아버지와 대화하는 그런 분위기였고, 문득 나는 돌아가신 아버지 생각을 해 보았다. 물려받은 큰 재산은 없지만 내 아버님도 똑 같은 생각을 하였을 것이고, 물려줄 재산이 별로 없었던 아버지의 심정이 어떠하였을 것인가.

7남매(누님 4분, 형, 남동생) 중 6번째로 태어난 나는 부모님이 생존하셨을 때 재산 분배 문제는 들어본 적도 없고 생각을 해 본 적도 없었다. 가족에 대한 재산 문제 이야기를 듣고, 나는 그 회장께 우리나라 대기업에 대한 나의 평소 생각을 이야기했다.

앞서 이야기한 창업주의 공헌, 그리고 개인적으로 창업주 회장을 존경한다는 이야기를 서두로 해서 창업주 회장은 세상을 떠나도 창업한 그룹은 영원히 성장, 발전하고 나라 발전에도 기여를 해야 한다. 자식들이 기업을 물려받아 반드시 창업주같이 잘 꾸려 갈 것이라는 보장이 없지 않느냐, 자식들은 먹고 살 수 있게만 해 주면 되지 국민적 기업이라고 할 수도 있는 그룹의 경영까지 나누어서 꼭 맡겨야 할 필요가 있겠는가, 물론 자식들이 훌륭히 해낼 수 있는 경영 능력이 있다면 아무런 문제가 없다.

어렵게 창업하고 키워 오신 그룹은 영원해야 할 것이 아닌가, 이제는 투철한 기업가 정신을 가진 전문 경영인(CEO)이 맡아야 할 때가 왔다고 본다. 그리고 그 동안 대기업의 성장은 창업주의 기업가 정신이 주도해 왔었지만 정부의 금융 지원(국민의 저축 자금)과 조세 지원(국민의 세금)도 큰 몫을 차지한 점도 이야기해 주었다.

어떻게 보면 재무부에서 나의 공직생활은 대기업의 성장과 떼 놓을 수 없을 정도로 정부 지원 시책에 많은 시간을 쏟고 노력을 해 왔다고 본다. 따라서 나의 평소 생각은 우리나라 대기업은 결코 그 가족의 전유물이 되어서는 안 된다는 것이었다.

국민적 기업으로 기업의 사회적 책무와 기능을 수행해야 한다고 생각해 왔다. 따라서 좋은 물건을 값싸게 생산해서 국민에게 공급하고, 이 과정에서 고용도 창출해 내고, 수출도 하고, 국민 생활수준 향상에도 기여하고, 세금도 법대로 내고, 특히 자식에 대한 재산 상속이야말로 상속세 제도의 정신에 따라 세법상의 절세, 탈세 구멍을 찾지 말고 정당하게 내야 할 것이 아니냐 하는 이야기를 조심스럽게 해 나갔다.

그러나 그분은 이 같은 내 의견과 생각에 대해서는 별 반응이 없었고, 또 별다른 코멘트도 없었다. 담담하게 듣고 있는데 색다른 표정이라고는 전혀 찾아 볼 수 없었다. 지금 와서 생각하면 내가 참 순진한 사람이었구나 하는 생각을 해 본다. 회사에서는 모든 사람이 감히 이견을 함부로 이야기 할 수 없을 정도로 경영을 좌지우지하는 회장에게, 어떻게 보면 세상 물정 모르는 시골 학교 선생 같은 소리를 했으니 이 양반 귀에 들어갈 리 없을 것이었다. 더욱이 이분의 살아온 배경과 정서에도 맞지 않았을 것이다.

그러나 우리나라 대기업의 성장 과정과 경영 실태, 사회적 책임 등에 대해 평소에 나로서는 확고한 신념을 가지고 있었고, 이들 기업의 창업주들을 만나면 꼭 해주고 싶었던 생각들을 그 회장께 처음으로 이야기했던 것이다.

그 당시 나로서는 그 회장이 내 뜻을 이해하거나 받아들이고 안 받아들이고 하는 문제에 관심을 기울일 사정은 아니었다. 다만 내 직분에 따른 도리를 다하고 세무조사 배경에 관한 나의 소신을 확실히 밝혀 두고 싶었다. 그 회장은 내 말을 우이독경으로 들었을지 모르지만 나로서는 국세청장으로서 내 진정성을 조금이라도 전달하고 이해시키려고 노력했다고 본다.

이 글에서 장황하게 모든 이야기를 쓸 수는 없지만, 그래서 이분이 돌아가서 조금이라도 생각을 바꾸어서 담당 회사 간부들에게 법대로 정당하고 정직하게 세금을 내도록 하라고 조치했으면 하는 것이 나의 바람이었다.

그러나 그 그룹에서는 여전히 이번 조사에 정치적 배경이 있는 것으로 이야기하고 있었고, 언론도 그런 방향으로 해석하는 경향이 있었다. 그러나 당시 그 그룹을 정치적으로 조사를 할 이유는 없었다.

물론 정당에서 가끔 정치적인 목적으로 국세청을 이용하려고 하는 경우도 있었지만, 나로서는 어떤 사람이라도 국세청 기관을 세무 이외의 다른 목적으로 이용하려고 하는 것은 용납할 수 없었다.

조세 전문가가 처음으로 국세청장이 된 이상 나는 무언가 다른 모습을 국민들에게 보여주어야겠다는 생각이었고, 그 중 하나가 세무조사의 공정한 집행이었다. 대통령(노태우 대통령)에게도 이 같은 뜻을 취임 초기에 말씀드렸고, 다른 대통령은 몰라도 노 대통령은 어느 특정 기업에 대해 세무상 어떤 조치를 하라고 이야기한 적이 없었다.

다만 정보기관으로부터 보고 받는 정보 사항 중 기업의 부정 내지 탈세에 관한 사항을 전달해 주든가 업무에 참고하라는 것이 고작이었다. 그 회장과의 사적인 만남은 이것이 마지막이었다. 그 후 과세 조치를 한 후 공식 모임에서 우연히 만난 적이 있으나 대단히 냉담한 태도를 보였다.

앞서 이야기한 두 사람의 사례를 통해 우리나라 대 자산가의 재산 관리에 대한 생각과 돈에 대한 가치관을 어느 정도 읽을 수 있다. 한 가지 특징은 소위 노블레스 오블리주Noblesse oblige(고귀한 신분에 따르는 도의상 의무의 정신)는 거의 찾아 볼 수 없고, 부는 이루었어도 오로지 자신이나 가족의 행복과 미래만 생각할 뿐 소위 이타적 자선 정신은 그림자 속에 들어 있지 않았다. 번 돈을 어떻게 값있게, 또 뜻 깊게 쓸 것인가에 대한 돈의 가치관을 찾아 볼 수는 없었다.

02

상속세를 피해 가는 방법들
— 재산 보유, 이동에 따른 과세 문제

나는 1973~1974년 옛 재무부 세제국 직세과장 시절 몇몇 대기업들의 사전 상속 실태를 내부 자료로 검토해 본 적이 있다. 주목적은 당시 상속세법이 올바르게 집행되고 있는지 여부를 확인해 보고 싶기도 하였고, 또 국회에서 상속세 세수 비중이 너무 낮다고 추궁한 적이 있어 그 원인이 어디 있는지를 알고 싶기도 하였다. 당시 내부 조사 결과를 간략하게 이야기하면 그 당시 이미 일부 대기업들의 사전 상속이 상당히 이루어졌음을 알았다.

첫째는 문화 재단 등 공익 재단을 설립해서 재산을 증여하는 형식을 택했다(상속세 법상 공익 재단에 증여한 재산은 증여세가 비과세되었다). 둘째는 부모 자식 간(소위 직계존비속 간) 자산(특히 주식이 대부분을 이루고 있었음)을 정식으로 사고파는 형식으로 재산이 합법적으로 재벌 2세들에게 증여세 한 푼 안 내고 이전되었다(당시 세법상 주식의 양도 차익에는 과세를 하지 않았다).

그래서 당시 상속세법을 고쳐 직계존비속(이를 테면 부모 자식 간) 또는 부부 간의 재산 매매는 증여로 본다는 규정을 새로 삽입하고, 또 공익 재단에 증여하는 경우 증여세 비과세 조건을 엄격하게 규정했다. 그러나 그 후 세월이 흘러 내가 국세청장이 되어 알게 되었지만 결국 1974년도에 한 예방 조치는 소 잃고 외양간 고치는 격이 되었고, 대기업들은 또 다른 새로운 탈세 구멍loophole을 우리가 모르는 사이 찾고 있었던 것이다.

국세청장에 부임한 후 내가 첫 번째로 생각을 하고 있던 중요한 일은 재산 과세 문제였다. 재산 보유에 대한 세금은 재산세로 지방세이긴 하나 누가 현재 보유하고 있는가, 즉 재산 보유 능력이 없는 사람, 아녀자인 경우 취득 배경에 따라 증여, 또는 상속세 문제가 제기될 수 있다. 그 다음은 재산 이동에 따른 세금으로 양도소득세, 증여세가 문제가 된다. 따라서 이들 세금을 철저하게 챙겨 보아야겠다고 생각했다.

나는 대학과 대학원에서, 그리고 잠깐이지만 미국의 대학에서 경제와 조세를 전공한 사람으로서 자본주의 사회가 발전함에 따라 어떤 사회, 경제적 문제가 일어나고, 이 경우 조세의 역할이 무엇인지에 대하여 항상 깊은 관심을 가져왔다.

1991년 11월 《신동아》의 한 기자와 가진 인터뷰에서 나는 이런 말을 한 적이 있다.

"자본주의는 아무렇게나 돈을 벌어 함부로 써도 된다는 뜻은 아니라고 봅니다. 부의 창출과 배분 과정에는 적법성과 윤리성이 있어야 하며, 이 같은 이상은 자본주의가 만들어질 때 이미 생겨난 것입니다. 성장에 상응하는 자본주의의 정신적 바탕이 성숙되지 못한 상황에서 국세청은 당연히 이에 개입해야 합니다."

우리나라는 해방 이후 자본주의 시장경제가 시작되고, 1962년 제1차 경제개발 5개년 계획이 시작된 이래 1세대(약 30년)가 지나가고 있었다. 약 30년이란 세월이 지나면서 우리 경제는 자본주의 경제 질서의 바탕에서 비약적으로 성장을 하여 대기업의 독과점과 불공정 거래, 절대적 빈곤은 거의 사라졌으나 상대적인 빈부의 격차, 재벌의 형성 등 과정에서 경제성장 과실의 불평등한 배분은 커다란 사회문제가 되고 있었다.

특히 경제개발과 소득수준 향상에 따른 토지 수요, 주택 수요의 증가, 이에 따른 부동산(토지, 주택, 상가 등 재산)에 대한 실수요, 가수요 증가는 부동산 투기라는 우리 경제의 암세포가 1960년대 후반부터 10년 주기로 열풍이 불기 시작하였다. 갑자기 땅 부자, 벼락 부자, 알부자가 생겨나기 시작했고 이들의 과소비 사치적 소비 행태는 우리 사회의 기존 가치관에 엄청난 변화를 가져오기 시작했다.

한 세대가 지나면서 대기업 가족이든 동대문 시장의 알부자이든, 어떤 형대로든 새롭게 축적된 재산 형성 계층(신 부유 계층)이 생겨나고, 이들은 이제 그 동안 열심히 노력해서 돈을 벌었든 부정이나 행운으로 돈을 벌었든 간에 축적된 재산과 부를 어떻게 처리할 것인가 하는 문제에 직면하게 되었다. 마음껏 써 보고 세상을 떠나든가, 2세, 3세들에게 상속세 적게 내고 물려주든가, 아니면 공익사업의 탈을 쓰고 계속 재산을 우회적으로 후손들이 관리하도록 하게 하든가, 극히 예외적으로 자선적 기부를 하는 문제를 생각하게 된다.

1990년 전후 이 같은 시대 상황에서 국세 행정의 총책임을 맡게 된 나로서는 나름대로 하나의 신념이 있었다. 국세청이 세금을 받는 기관이지만 같은 세금을 받더라도 국민들이 세 부담감을 적게 느끼면서 이 시대 상황의 여러 가지 사회, 경제적인 문제를 다소나마 해결할 수 있는 조세 행정을 집행해야겠다고 다짐했다.

나는 부임하자마자 재산가들의 재산 보유와 이동에 따른 과세 문제에 집중적으로 행정력을 투입해야겠다 생각을 하고, 국세청 본청 재산세 담당 기능을 강화하도록 했다. 부임 후 제일 먼저 조치한 인사가 본청 재산세 담당 과장을 경질한 것이었다. 그리고 일선 세무서장 중 가장 유능한 간부를 본청 재산세 과장으로 발탁하였다.

1988년은 부동산(토지, 주택, 상가 등) 투기거래와 이에 따른 세금과 치르는 전쟁이 한창이었다. 나의 머릿속에는 세 가지 목적이 있었다. 첫째는 앞서 이야기했듯이 조세의 소득 재분배 기능을 최대한 활용하자, 그래서 부의 불평등을 조금이라도 시정해 보자. 둘째는 사회의 암적인 존재인 부동산 투기를 뿌리 뽑자. 땅과 집, 특히 토지에 대한 우리 국민의 전통적인(재산 보유) 인식을 바꾸어 보자. 셋째는 조세 저항을 불러일으키지 않고 세수를 늘리는 방법은 재산을 가진 사람을 상대로 하는 것이 최상의 방법이다.

자본주의 시장경제를 바탕으로 그간 한 세대 동안 성장해 온 우리 경제, 사회의 여러 가지 문제점을 조세라는 무기로 일부나마 해결하면서 원만하게 국가 재정 수입을 달성한다면 이거야말로 일거양득이 아니겠는가.

나는 그 동안의 공직생활 중 이렇게 큰 보람을 느껴 본 적이 없었다. 이것이야말로 정말 내가 해보고 싶었던 일이 아니었던가. 내가 그 동안 배운 경제, 조세 이론(학자 출신은 아니지만)을 내 뜻대로 마음껏 현실에 적용해 보는, 그런 큰 보람을 느낄 수 있는 일이었다.

당시 재산세 담당 직세국장에게 재산 재세 조사 계획서를 빠른 시일 안에 올리라고 했다. 그 결과 조사 대상자를 200~300명 정도로 선정해 왔다. 내 생각과는 너무나 거리가 먼 집행 계획이었고, 청장 지시니까 우선 모양만 갖추자는 인상을 받았다.

이래가지고는 집행 목적을 달성할 수 없다는 생각이 들어 새로이 상세한 기준과 취지를 간부들에게 알려주고, 무조건 대상자를 1천 명 이상으로 선정하라고 특단의 지시를 다시 내렸다. 나의 마음속은 기왕에 다소 부작용이 따르더라도 무언가 내가 앞서 의도하고자 하는 큰 바람을 일으켜야겠다고 생각했다. 국세청 발족(1966년 3월) 후 이렇게 많은 재산가를 대상으로 대대적인 조사를 해보기는 처음이었다.

이에 따른 여러 가지 에피소드와 부작용은 앞서 이야기했고, 결론부터 이야기하면 엄청난 바람을 불러 일으켰다. 당시 매스컴의 주 대상이 되어 언론이나 국민들로부터 큰 호응을 얻고 부동산 투기 열기가 상당히 차단이 되고, 그해 1988년과 그 후 몇 년 동안 재산가들로부터 거두어들인 엄청난 세수로 1988년 이후 몇 년 동안 계속 예산초과 세수를 달성하여 국회에서 본의 아니게 큰 시달림을 받았다.

국회에서는 증가된 세수의 배경과 원천은 생각지도 않고 왜 국회가 정해 준 세입예산보다 더 많은 세금을 징수해서 국민의 세 부담을 늘리게 했느냐 하는 논리다. 그러나 당시 나의 신념에는 조금도 변함이 없었다. 국회에서 증가된 세수의 내용과 배경을 상세히 설명해 주고 계속 이런 방향으로 나가야겠다고 마음속으로 생각했다. 그러던 차에 우리나라 대기업들의 주식 이동 조사도 하게 되고, 이 조사 과정에서 이상한 현상들이 나타나기 시작했다. 한마디로 주식

거래를 통한 변칙 사전 상속이 이루어지고 있는 현실들이 나타나고
있었다.

주식 거래를 통한 변칙적인 상속 사례

부동산 투기에 따른 양도소득세, 증여세에 관한 이야기는 별도
장에서 이야기하도록 하고, 여기서는 당시 조사 과정에서 새롭게
나타났던 대재산가들의 주식거래를 통한 변칙적인 사전 상속 사례
몇 가지를 간략하게 보고자 한다.

앞서 잠깐 이야기했지만 1970년 이전에는 몇몇 그룹의 경우 공익
사업을 명분으로 문화 재단을 설립하여 많은 미래 상속 재산을 재
단 쪽으로 이미 돌려놓았고, 또 어느 기업의 경우는 2세들이 많이
컸기 때문에 회사 주식을 부모 자식 간에 매매한 형식으로 재산을
상당 부분 이미 2세들에게 이전한 상태였다.

이와 같은 변칙적인 사전 상속을 막기 위해 1974년 세제 개정 때
제도를 보완하여 반영하였다. 그러나 그 후 세월이 흘러 회사의 인
수, 합병, 분할, 회사의 증자, 감자, 이에 따른 실권주 발생과 대주주
의 인수, 또 기업공개에 따른 전환사채 사전 발행 등등 회사의 조직
변경과 주식거래가 다양해짐에 따라 이를 이용한 변칙적인 사전 상
속이 교묘하게 합법을 가장하여 이루어졌던 것이다.

　당시 몇몇 대기업 가족들의 변칙적인 주식거래는 1980년대 중반 이후, 특히 1988년과 1989에 집중적으로 이루어졌다고 본다. 변칙적인 주식거래는 통상 법인세를 신고할 때 제출하는 주식 이동 상황 명세서를 보고 내부 검토를 하게 된다.

　당시 국세청 입장에서는 지난 몇 년간 자본시장의 급격한 확대 발전에 따라 일부 대기업 등에서 편법으로 자행되고 있는 주식을 이용한 각종 부당한 자본 거래를 중점 조사 대상으로 하여 주식을 통한 조세 회피 행위를 규제해 오던 중 일부 대기업의 법인세 조사 과정에서 기업 자금의 흐름에 이상이 있는 것으로 나타나 이를 추적하는 과정에서 주식을 통한 변칙 사전 상속 혐의가 드러났다.

　그래서 기업들의 주식 이동 관련 자료를 수집, 분석하고 주식을 통한 조세 회피 혐의에 대한 정밀 내사를 거쳐 1990년부터 본격적인 주식 이동 조사를 시작하게 되었다. 주식거래라고 모두가 위법 부당 거래로 볼 수는 없기 때문에 사전에 서면 검토가 필요하다. 이렇게 주도면밀하게 조사를 해도 특히 개인의 경우에는 변칙 증여 혐의를 포착하는 것이 대단히 어려웠다.

　몇 가지 사례를 살펴보면, 첫째로 대기업의 계열회사가 보유한 다른 공개 예정인 계열회사의 주식을 공개 전에 그 대기업의 대주주(오너, 회장)의 2세 등에게 부당하게 낮은 가격으로 양도하는 경우로, 공개한 후에는 주가가 크게 오르게 되니까 결국 2세가 큰 이득을 보게 된다. 정상적으로 한다면 원래 보유하고 있던 계열회사에 귀속되어야 할 기업의 자본이득을 2세 등에게 의도적으로 나누어준 것으로 보아 법인세, 소득세, 그리고 증여세를 과세하게 되었다.

둘째 사례는 거래 회사가 가지고 있던 기업공개가 예정되지 않은 다른 계열회사 주식을 2세 등에게 시가보다 현저히 싼 가격으로 저가에 양도하여 계열회사(기업)가 가져야 할 자본이득을 이들 2세에게 넘기는 경우다.

세 번째 사례는 회사 임원 등 제3자 명의로 위장 분산하고 있던 주식을 매매를 가장하여 2세 등에게 실물로 증여한 행위를 들 수 있다. 또 한 사례는 회사의 증자에 따라 발생하는 실권주失權株를 2세들이 모두 매입함으로써 사실상 회사 이익을 증여 받게 하는 행위 등을 열거할 수 있겠다.

극히 전문적인 주식 거래 내용을 간단하게 요약은 했으나 실제 내용은 대단히 복잡하고 당시 세법 해석상으로 쟁점이 될 정도로 논란이 많았다. 여기서 그 법 해석상의 논쟁의 내용을 지루하게 이야기할 수는 없고, 다만 조사받은 대기업체의 입장과 나의 입장만 정리해 본다.

당시 대기업의 창업주 입장에서는 나이로 보아 곧 경영 일선에서 물러나고 2세들에게 차츰 재산을 물려주어야 할 입장에 있었을 것이고, 회사의 측근 간부들은 어떻게 하면 상속세, 증여세를 적게 내거나 회피하는 방법을 조세·법률 전문가들에게 맡겨 검토를 내밀히 시켰을 것이다.

그때까지만 해도 솔직히 국세청 조세 전문가들조차도 미처 생각하지 못할 정도로 고도의 전문적인 주식 거래 기법을 통한 변칙적인 사전 상속이 이루어지고 있었던 것이다. 때문에 국세청의 주식 거래를 통한 변칙적인 사전 상속 조사가 진행되는 동안에도 회사 측에서는 법적으로 전혀 하자가 없다는 점을 거듭 강조하였다.

조사 과정에서 수시로 보고를 받아 보니 그룹의 재무 전문가들이 빈틈없이 합법적인 모양을 갖추려고 노력한 흔적이 뚜렷했다. 놀라울 정도로 현행 세법의 허점을 교묘하게 이용하려고 했고, 내가 아는 세법 지식만으로도 충분히 과세 여부가 논쟁이 될 수 있겠다는 생각이 들었다.

그러나 반평생을 조세 업무에만 매달려 온 나의 눈에는 이 주식 거래의 실체적 내용은 변칙적인 상속을 위한 주식거래임이 아주 명백했다. 나는 평소 국세청 직원들에게 세법을 집행함에 있어 가장 중요한 것은 세법을 적용하기 전에 과세 대상이 되는 모든 거래의 실체적인 진실, 실체적인 내용을 먼저 파악한 다음 관련되는 세법 규정의 내용을 검토하라고 강조했다.

이는 세법의 내용은 모든 경제 거래를 다 포함시킬 수 없고, 또 모든 경제 거래에 대해 명료하게 해석, 적용될 수 없는 경우가 있다. 이럴 때는 실체적 내용이 무엇이냐가 세법을 해석, 적용함에 있어 하나의 중요한 요소가 될 수 있다. 너무 법규의 형식적인 문리文理

해석에만 매달리면 자칫 억울한 과세 사례가 생길 수 있다는 취지에서였다.

반대로 형식적인 문리 해석으로 조세를 회피해 나갈 수도 있기 때문에 조세법 규정을 적용함에 있어 애매모호한 사안인 경우 무엇이 그 거래의 실체적 진실이고, 그 법 규정의 입법 취지가 무엇인지를 살펴보고 신중하게 결정해야 한다고 늘 이야기해 왔다.

과세 근거에 따른 법적 논쟁

앞서 말한 변칙 주식 거래의 경우 실체적인 내용은 어느 정도 명백하게 파악이 되었고, 이를 과세하기 위한 법적 근거도 국세청 내부는 물론 외부 전문가(조세법, 회계, 상법 전문가)들의 의견을 수렴한 결과 과세하는 게 옳다는 의견이 다수여서 그 뜻을 회사 측에 전달하고 과세하기로 했던 것이다.

회사 측에 전달한 이야기 중 하나는, 중소기업 같으면 법의 미비점이나 취약점을 찾아 세금을 회피하려고 하는 심정은 이해하겠으나 명색이 대기업인데 그 동안 국민의 저축으로 금융 지원을 받고, 국민의 세금을 통한 조세 지원 등으로 성장해 온 기업이라는 점을 감안할 때 최소한도 세금만은, 특히 상속, 증여세만큼은 상속세법의 정신에 다라 정정당당하게 내는 것이 옳지 않느냐, 설사 합법에 가까운 조세 회피의 골목길이 있다 하더라도 무엇이 실체적인 내용이냐에 따라 정도正度로 세금을 내야 할 것이 아니겠느냐 하는, 이런 뜻을 회사 창업주인 회장께 꼭 전달해 달라고 부탁까지 했다.

지금은 세법을 고쳐 상속, 증여 과세 대상 거래를 포괄주의로 바꿔 법 규정이 명료해졌다. 그러나 당시만 해도 실체적인 내용을 보면 분명히 변칙적인 사전 상속임에는 틀림이 없으나 주식 거래(합병, 증자, 감자 등)를 이용한 변칙적인 사전 상속에 관련된 세법 규정이 잘 정비되어 있지 않은 점을 교묘하게 이용하여 조세를 회피하려고 한 점이 마음에 걸렸다.

법 적용을 문리文理대로 하면 회사 측의 주장에도 이유가 있다고 보았다. 악법도 법이니까 법에 어긋나는 것이 없지 않느냐 하면 할 말이 없을 수도 있었다. 그러나 내가 그 동안 배우고, 또 알고 있는 세법 지식에 따르면 세법의 해석이나 집행에 있어 조세법률주의에 의한 법의 형식논리도 중요하지만 법 해석이 팽팽한 경우 더 중요한 것은 해당 세법 규정의 입법 취지와 배경, 그리고 법을 해석, 집행함에 있어 무엇이 실체적인 진실인가 하는 문제의식이었고, 이것은 또한 국세 기본 법상 실질 과세 원칙에도 부합되는 해석이었다.

더욱이나 대기업의 2세, 3세에 대한 상속, 증여의 경우는 세법 정신에 따라 정당하고 정직하게 세금을 내는 것이 '노블레스 오블리주'를 실천한다는 차원에서도 바람직하다고 본다. 설사 세법에 구멍이 있어 상속세를 내지 않고 빠져 나갈 길이 엿보인다 하더라도 이를 이용해서는 곤란하다고 생각했다. 하물며 이론적으로나 실정법상으로 과세의 찬반양론이 팽팽하게 맞서는 경우는 더욱 말할 필요가 없다고 본다.

그러나 이 같은 이야기는 나의 개인적인 신념이고, 현실은 악법도 법이기 때문에 변칙적인 사전 상속에 대한 합법적인 과세를 위해 철저하게 조사하고, 법적인 뒷받침을 완벽하게 하여야겠다는 생각에서 당시 회계, 세법, 상법 등에 관한 우리나라 최고 외부 전문가들을 불러 이에 대한 의견을 듣기도 하였다.

종합해 보면 당시 주식거래를 통한 변칙 사전 상속 사례들은 다소의 법적인 문제가 있기는 하지만 과세하는 것이 옳지 않느냐는 것이 다수 의견이었다. 당시 나는 자나 깨나 이들 사안에 대한 조사를 어떻게 결정할 것인가 하는 생각뿐이었고, 내가 알고 있는 법률지식과 경험을 이렇게 장시간 반추해 보기는 처음이었다.

최종 결정과 선택의 칼자루는 오직 나에게 있었기 때문이었다. 또한 국세청이 발족한 이래 상속, 증여와 관련해서 이렇게 큰 조사를 해보기도 처음이고, 과세된 세액도 상당히 큰 액수였기 때문이었다. 기업에 따라 다르지만 과세 규모가 수백억 원에서 천억 원이 넘어서는 경우도 있었다.

당시 국세청은 위 변칙적인 사전 상속 사안에 대한 조사와 과세 결정을 마무리하면서 다음과 같은 국세청의 입장을 국민들에게 천명하였다.

"……국세청은 최근 일련의 기업에 대한 주식 이동 조사를 계기로 앞으로도 자본 거래를 통한 조세 회피(법인세, 소득세, 상속, 증여세 등)를 차단하는 데 역점을 두고 이번 사례와 같이 주식의 변칙 거래와 저가 양도 등의 방법으로 기업에 귀속되어야 할(결국은 주주 전체에게 귀속되어야 할) 자본 이득을 기업주나 그 가족들에게 분여하는, 부당하고 변칙적인 조세 회피 행위에 대하여는 누구를 막론하고 철저히 과세권을 행사함으로써 기업의 사회적 책임과 윤리성을 제고함과 동시에 소득 종류 간, 계층 간 세 부담의 불균형을 시정하고 부의 형평 분배를 실현하는 데 적극 노력해 나갈 계획임……"

그 당시 대기업들의 주식거래를 통한 변칙 상속, 증여에 대한 조사는 여러 건이 있었다. 이중 2개 그룹은 국세청의 과세에 불복 소송을 제기했다. 한 그룹은 승소하지 못하였으나 또 다른 그룹은 법원에 가서 많은 부분에서 승소하였다. 당시 법원의 판시判示 사항과 담당 판사들의 판단, 의견을 여기에서 장황하게 설명하지는 않겠다. 왜냐하면 어쨌든 법원은 우리나라 법률에 대한 최고의 유권 해석기관으로 법원의 판결에 왈가왈부하고 싶지는 않기 때문이다.

당시 나는 이들 사안에 대한 대대적인 조사를 하였는데, 이 과정에서 치열한 법률해석과 회계 처리의 공방, 그리고 소송을 예상한 빈틈없는 법적 근거 마련에 혼신을 기울였고, 최종적으로 과세의 결단을 내린 사람이었기 때문에 그 자리에서 물러나 있어도 소송 결과에 관심을 가지지 않을 수 없었다.

그리고 후임, 후배 청장들에게 각별한 관심을 가지고 국세청의 명예를 걸고 정부가 패소를 당하는 일이 없도록 소송 수행 담당자들을 독려했다. 특히 법원의 담당 판사들에게 과세 근거의 합법성을 충분히 설명하도록 당부하였다. 왜냐하면 그때 내 심정은 이 사안의 경우 단순히 과세 사건을 두고 정부의 패소, 승소 문제에만 그치는 사안이 아니었다.

과세한 세액을 징수 못하는 정도를 넘어서 만일 정부가 패소하는 경우에는 앞으로 대기업들의 주식거래를 통한 같은 수법의 변칙적인 상속, 증여는 계속될 것이고 설사 법을 고쳐 새로운 법망을 만든다 해도 또 새로운 조세 회피 방법을 끝임 없이 모색해 나가는, 그야말로 국세청과 대재산가 사이의 끝없는 머리싸움이 지속될 것을 예상하였다.

주식 거래를 통한 경영권 승계와 상속 · 증여세 문제

대기업의 주식거래를 통한 경영권 승계와 관련된 사전 상속, 증여에 따른 과세 문제를 연도별로 추적해 보면 첫째, 1980년대 말 내가 국세청장에 부임하고 얼마 안 되어 A그룹의 지주회사가 불균등 감자로 경영권 승계 작업을 했다. 당시 세법상으로는 명료한 명문 규정이 없었으나 세법 전체의 구조적인 내용과 세법 해석의 이론적 타당성을 근거로 증여세를 부과했고, 고등법원에서 국세청이 승소하고 회사 측이 이를 승복함으로써 사건이 마무리된 바 있다.

이 회사는 국세청의 실체적 진실의 판단을 받아들인 것이었다. 그 후 재경부에서는 이와 관련 불균등 감자를 이용한 편법 증여 방법에 과세할 수 있는 근거 규정을 마련하여 세법을 보완하였다.

둘째는 1990년대 초 국내 기업의 공개·주식 상장이 활발해졌을 때 B그룹의 주요 대법인의 상장을 앞두고 오너의 자녀에게 비상장 상태의 주식을 저가로 양도한 것을 국세청은 양도 주식 가액의 평가를 상장 절차 중 유가증권 신고 가액(상장 예정가)으로 평가하여 증여세를 과세하였으나 국세청은 패소했다. 그 이후 재경부는 곧 상장을 앞둔 비상장 주식의 평가는 상장 예정가(유가증권 신고 가액)로 하도록 세법을 개정하였다. 이 사건도 실체적 진실과 법 해석의 기준은 앞서 말한 첫 번째 사건과 유사한 사안이었다고 본다.

세 번째는 1990년대 후반 전환사채를 이용한 주식 전환 이익에 대한 과세 문제가 제기되었으나 당시 세법상 과세하기 어렵다고 판단하였고, 재경부는 뒤따라 이에 대한 증여세 등 과세 방안으로 세법을 개정, 보완하였다. 그 후 이 같은 주식거래와 관련된 편법 증여 사례를 근본적으로 막는다는 취지에서 2004년부터 상속·증여 세법에 소위 완전 포괄주의를 도입하게 된 것이다.

그러나 아직도 법의 허점Tax loophole을 찾는 기업의 노력과 이를

뒤쫓는 과세 당국의 경쟁은 계속될 것으로 보인다. 한 가지 최근의 대표적인 사례를 보면 '사업 기회 몰아주기'로 오너 자녀가 대주주인 신설 비상장 기업에 수익성이 좋은 그룹의 사업 기회를 몰아주어 그 기업 가치를 높인 다음에 이 주식을 코스닥 등 시장에서 높은 주가로 매각하여 조성한 자금으로 주력 기업의 주식 지분을 확보하는 기법으로 경영권 장악을 시도하고자 하는 것이다. 국세청과 관계 기관에서는 과세 방안과 실정법상 위법성을 검토는 하고 있으나 아직 마땅한 과세 방안이나 근거, 위법성 등을 찾지 못하고 있는 것으로 알고 있다.

내가 이렇게 전문적인 내용을 연도별로 한번 정리해 본 요지는 대재산가들은 항상 앞서가고 과세 당국은 뒤쫓아 가는 현실, 그리고 세법 개정은 항상 소 잃고 외양간 고치는 식으로 대처해 왔다는 현실, 그래서 세금으로 소득의 재분배를 도모하는 데는 한계가 있지 않느냐 하는 소견과, 또 하나 중요한 것은 법과 제도가 급속하게 변해 가고 있는 경제 거래의 복잡성과 다양성을 하나하나 모두 올바르게 처리해 나가지 못한다면 법의 정신을 최종적으로 판단하는 법원의 결정과 판단이 문명의 발전과 사회의 정의와 형평을 위하여 얼마나 중요한가를 이야기하고 싶었던 것이다.

여기 한 가지 더 법원의 선고 사례를 인용해 본다. 이 사례는 당시 어느 대기업이 주식 거래를 통해 변칙적인 사전 상속을 한 것에 대한 국세 당국의 과세 조치에 대하여 그 그룹이 법원에 소송을 한 결과 대법원에서 원고(대기업)의 주장이 이유 있다고 판단한 논리의 마지막 부분이다.

　상고인(국세청)이 상고 이유로 내세우는 주장은 이 사건 주식의 양수로 인하여 특수 관계자들이 막대한 자본 이익을 얻었음에도 이에 대하여 과세할 수 없다는 것은 조세 정의에 반한다는 취지이나 조세 정의와 공평의 이념을 내세워 과세의 근거로 삼을 수 없음은 조세 법률주의의 원칙상 당연하다고 할 것이다. 이에 관한 논지 역시 이유 없다.

　　　원고 대리인: ○○○ 변호사
　　　담당 재판 연구관 : ○○○
　　　주심 대법관 : ○○○

　이것이 정부의 과세 근거를 부인하고, 그 기업의 변칙적인 상속 증여의 정당성에 손을 들어준 결론이다. 나는 30여 년이란 긴 세월 동안 조세 법규와 집행 속에서 공직생활을 해 왔고 조세법률주의, 조세법정주의란 말을 귀가 닳도록 들어왔고, 또 존중해 왔다. 어떻게 조세법률주의를 무시하고 단순히 조세 정의, 공평 이념만으로 과세할 수 있겠는가.

　이들 사례에 이렇게 많은 날들을 보낸 이유는 세법 전체를 망라

해서 적법한 과세 근거를 찾고자 한 데 있었고, 또 각계 전문가(조세법, 회계, 상법 등)의 의견을 들어 적법하게 과세하려고 최선을 다했다고 본다. 또한 이 사건은 앞으로 또 나타날 변칙적인 주식거래, 또 이를 통한 변칙 상속을 막고자 한 데도 뜻이 있고, 나아가 자본주의 체제하에서 불가피하게 나타나고 있는 대기업의 독점과 경영의 세습화를 세금이라는 무기로 시정해 보고자 한 데 더 큰 뜻이 있었다고 본다.

여하튼 국세청의 어려운 과세 노력과 과세의 배경은 법원의 판결로 물거품이 되고 세월은 흘러 대기업들의 변칙적인(합법적인?) 상속 증여는 앞서 이야기한 대로 최근에 와서 다시 그 모습을 나타내고 있다. 법원의 판결이 한 사회의 발전과 기업가 정신, 그리고 대기업가의 재산에 대한 가치관과 사회적 책임에 얼마나 큰 영향을 미칠 수 있는가 하는 점을 다시 한번 크게 깨닫게 해 준 사례였다고 본다.

법원의 판결에 아쉬운 점은 만일 판결이 조세법에 흐르는 공평과 조세 정의 정신에 좀더 무게를 두어 조세법 체계 전반을 투시하여 좀더 입법론적인 합목적적인 법 해석과 적용을 하여 반대의 결론을 내렸더라면 세월이 흐른 지금에 와서 대기업들의 변칙 상속에 상당한 제동이 걸렸을 것으로 생각한다.

다시 한번 그 옛날 젊은 시절 미국 하버드 법과 대학원Harvard Law School에서 배운 「조세판결례연구」가 떠올랐다. 조세법을 해석함에

있어 법조문 해석이 애매한 경우 무엇이 조세 정의고 무엇이 입법
취지인지를 고려해서 판결해야 한다는 어느 미국 연방 대심원 판사
의 조세법 해석 기준이 나의 머리를 스쳐 갔다.

03

공익 재단과 공익 사업
— 공익 재단에 대한 상속세법의 입장

대기업들의 공익 재단은 이미 1970년대 이전부터 주로 문화재단이란 이름으로 설립되었다. 명실상부한 공익사업을 위하여 설립되었는지는 알 수 없으나 형식적으로는 공익적인 문화 사업을 위하여 기업의 자금이든 창업주의 개인 돈이든 간에 재단에 대한 기부 증여 행위가 이루어진 것은 사실이다.

그때나 지금이나 상속세 법상 종교, 자선, 학술 기타 공익을 목적으로 하는 사업에 출연된 재산에 대하여는 상속세 또는 증여세를 비과세하도록 하고 있다. 왜냐하면 당해 재산이 공익사업에 사용되어 그 이익이 일반 사회에 귀속되기 때문이다. 따라서 공익사업을 운영하는 공익법인이 출연 받은 재산을 공익사업에 사용하지 아니하거나 공익사업이 아닌 다른 목적에 사용했을 때에는 그 출연 받은 재산에 대하여 증여세를 부과하도록 규정되어 있다.

앞장에서 잠깐 언급한 바 있지만 1973년 내가 재무부 직세과장 시절 대기업들의 사전 상속 실태를 조사하는 과정에서 공익 재단 실태를 한번 검토한 바 있다. 그 결과 공익 재단에 출연한 재산의 사용 실태에 문제가 있다고 판단, 그 이듬해 세법을 개정할 때 공익 재단 사후 관리 규정을 비교적 엄격하게 새로 만든 바 있다.

공익 재단에 기부, 증여한 이상 재산은 재단에 귀속되고, 상속인이나 증여자가 함부로 재단 재산을 손댈 수는 없다고 하나, 첫째는 공익사업에 증여한 이상 공익 목적 사업이 충실하게 운영되어야 할 것이고, 둘째는 출연자가 직, 간접으로 재산 운영에 관여해서는 안 된다고 보았기 때문이다.

물론 교육 등 예외적인 경우는 있다 하더라도, 기본적으로 증여자가 공익 재단과 특별한 관계를 유지하여 공익 재단의 재산 운영으로부터 어떤 수혜를 받아서는 안 되는 것이 원칙이다. 만일 조금이라도 그와 같은 사례가 있게 된다면 증여 재산에 증여, 상속세를 면제해 주는 입법 취지에 어긋날 뿐만 아니라 큰 재산상의 이익은 아니라 하더라도 공익 재단을 이용하여 상속, 증여세를 일부 피해 가려는 일이 생길 우려도 있다는 것이었다.

공익 재단 운영 실태와 사후 관리 규정의 실효성

대기업들의 공익 재단 설립을 보면 대개 대기업의 이름을 따거나 창업주의 아호를 따서 설립하는 경우가 대부분이다. 이같이 설립된 공익 재단이 과연 정관상의 공익사업을 실질적으로 어느 정도 하고 있는지, 또 출연자와의 특별 관계가 어느 정도 차단되어 있는지 등등 투명성을 높일 필요가 있어 대기업의 공익 재단 운영 실태를 검토시킨 일이었다. 그런데 밑에서 조사해 온 내용을 검토해 본 결과 거의 대부분이 사후 관리 규정에 맞추려고 노력한 흔적이 뚜렷했다. 이 이야기는 그만큼 공익 목적 사업을 충실하게 했다는 것과는 뉘앙스가 좀 달랐다. 무언가 상속세 법상 증여세의 비과세 요건을 맞추려고만 노력했지, 실질적으로 공익사업을 국민들의 피부에 와 닿게 이행한 것 같지는 않다는 느낌을 받았다.

이러한 심증은 공익 재단과 관련한 사후 관리 세법령 규정이 지난 20여 년 동안(1986~2006) 수없이 개정된 사실을 보면 대충 짐작할 수 있다. 여기서 그 내용을 일일이 설명할 수는 없으나 몇 가지 주요한 사항을 점검해 보기로 한다.

첫째 1986년 상속세법 시행령을 개정할 때 공익사업에 출연된 재산은 반드시 공익사업에 사용되도록 철저히 규제하기 위하여 공익사업 사후 관리 규정을 지키지 못해 사후에 증여세 과세 요인이 발생할 경우 최초 출연 받은 당시의 가액으로 하지 않고, 사후 과세 요인이 발생할 당시의 가액과 세율에 의하여 과세하도록 하였다.

둘째는 원래 공익법인의 운영에 있어서 공익성을 보장하기 이하여 재산 출연자 등 당해 법인과 특별한 관계가 있는 자에 대해서는 그 공익법인의 이사 취임을 원칙적으로 허용하지 않고 있다. 다만 교육기관이나 의료법인에 대해서는 이사 현원의 1/3 이내에서 특수 관계자의 이사 취임을 허용하고, 의료인인 출연자에 한해 이사 취임을 허용하여 왔다.

그러나 1980년대 후반부터 사회복지시설을 지원하기 위하여 사회복지법인과 의료법인에 대하여 출연자 등 특수 관계자의 이사 취임을 이사 현원의 1/3까지 허용하였다. 이것도 1994년도에 와서 학술, 장학, 자선, 사회복지법인 등의 경우 이사 현원의 1/3 한도에서 1/5 한도로 범위를 축소한 바 있다.

셋째 공익법인을 통한 우회적인 상속, 증여를 규제하기 위한 조처로 공익 재단에 주식을 출연하는 경우에는 증여세 면세 범위를 축소하는 규정이다. 대기업 사주가 재단법인을 설립한 후 이를 지주회사Holding Company화하는 등 공익 재단을 통하여 변칙으로 기업을 상속하는 사례를 규제하고, 또한 대기업의 경제력 집중을 완화하기 위하여 공익 재단이 특정 기업의 주식을 출연 받거나 출연 받은 다른 재산으로 특정 기업의 주식을 취득하는 경우의 상속, 증여세 면제 범위를 초기에는 당해 주식 발행 법인의 발행주식 총액의

20%까지는 면세해 주었으나, 이런 사례가 현실로 나타나 1993년에 법의 규정을 고쳐 5%로 대폭 축소한 바 있다.

네 번째는 공익법인 사후 관리의 실효성을 높이기 위하여 원래는 출연 재산을 출연자나 그 친족이 사용, 수익한 때는 공익법인에게 증여세를 추징토록 하였다. 그러나 이 규정을 교묘히 빠져나가고자 하는 사례가 적지 않았다. 1996년도에 규정을 고쳐 추징 대상에 출연 받은 공익법인의 임원과 당해 공익법인, 그 출연자와 특수 관계에 있는 법인과 임원을 규제 대상에 추가하였다.

즉 출연재산을 출연자나 그 친족이 사용, 수익하는 경우(예, 건물의 임대, 금전 소비 대차 등)는 물론 재산을 출연 받은 공익법인의 임원, 기타 당해 공익법인과 그 출연자와 특별 관계에 있는 모든 사람이 사용, 수익하는 경우도 증여세를 추징하도록 하는, 소위 자기 거래에 대한 과세를 강화하였다.

특히 1999년에는 법 규정을 고쳐 공익법인의 공익성을 강화하였다. 즉 공익법인에 대한 출연자의 사적 지배, 특히 다른 법인의 예속을 방지하기 위하여 출연자와 그 특수 관계인으로 하여금 공익법인의 의사 결정 권한이 있는 이사의 취임과 고용되는 것을 제한하도록 하였다.

그해 개정할 때는 공익법인의 지주회사화 방지를 위한 조치로 동일 종목 주식 보유 한도 규제를 강화하였다. 같은 해 공익법인 운용 소득에 대한 사후 관리도 강화하여 종전의 운영 소득을 공익 목적으로만 사용하도록 한 의무도 다음 해에 50% 이상 사용하도록 하던 것을 70% 이상으로 상향 조정한 바 있다.

이상 몇 가지 중요한 공익 재단 사후 관리 규정의 변천을 살펴보았다. 그 동안 규정을 강화했다가 다시 완화한 사례도 있으나 전반적으로 보아 공익 재단의 사후 관리 규정이 해를 거듭하면서 점차 규제를 강화하여 공익법인의 공익성을 높이는 방향으로 법 규정이 바뀌어 왔다고 볼 수 있다.

이것은 마치 대기업들이 주식거래를 통한 변칙적인 사전 상속을 방지하기 위하여 여러 번 법 규정을 고치고, 마지막에는 증여세 과세대상 포괄주의까지 채택한 배경과도 일맥상통한다고 보인다. 대기업들은 공익 재단을 통하여 변칙적인 사전 상속을 기도한 것은 아니라 할지라도 공익 재단이란 합법적인 제도를 활용하여 상속, 증여세를 피해 가면서 후손들을 위한 재산의 사후 관리, 재산의 우회적인 수익, 사용, 기타 수혜, 그리고 또 공익 재단을 지주회사화하여 자연스런 계열회사의 지배, 변칙 기업 상속, 대기업의 경제력 집중 등의 목적으로 이용하려 했기 때문에 공익 재단의 지주회사화를 규제하고자 하는 규정을 계속 강화해 온 것으로 본다.

물론 공익 재단을 통하여 공익사업을 수행한 경우나 사례도 많이 있을 것으로 본다. 그런데 아직도 우리 국민은 대기업 대한 반기업 정서가 도사리고 있다. 만일 대기업들이 사회적 책무를 다하면서 공익 재단에 대한 기부행위도 진실로 재산의 사회 환원, 사회 공헌 활동으로 이루어져 왔다면 반기업 정서도 많이 달라졌을 것으로 본다.

대기업의 형식적인 사회 공헌 활동으로는 대기업 공익 재단의 설립, 운영에 국민들이 특별한 관심을 가지지 못할 것이고, 그나마 일부분의 공익사업, 활동도 빛을 발할 수 없을 것이다.

외국의 사례

우리와는 사회, 문화적으로 배경은 다르겠지만 미국 역사상 대재산가들의 기부 행위와 부의 철학을 잠시 살펴보자. 미국 자선 문화의 효시는 앤드류 카네기Andrew Carnegie(1835~1919) 철강 왕이다. 카네기는 66세 때 자기 회사를 처분하여 그 재산으로 본격적인 교육과 문화의 자선사업을 시작한다.

그는 자신의 재산 대부분을 상속하지 않고(가족에게는 1,500만 달러만 남겨 줬다), 사회에 내놓았으며 부의 불균형이 낳은 여러 문제점은 부자들이 나서서 역할을 감당해야 한다고 생각했다. 직접 기부도 필요하지만 진정한 자선사업은 가난한 자와 부유한 자가 동등한 위치에 설 수 있도록 가난한 자들에게 스스로 돈을 벌 수 있는 기회와 능력을 만들어 주는 것이 더 좋다는 것이 그의 부의 철학이었다.

이를 위해 제일 먼저 한 일이 함께 일했던 노동자들을 위한 '앤드류 카네기 구제 기금'을 설치해 재해를 당한 사람들과 노후에 곤경에 처한 사람들에게 소액의 연금을 지급하였다. 그는 또한 미국과 영국에 2,509개의 도서관을 지었다.

그의 자선 활동은 당대의 라이벌인 석유 왕 록펠러의 자선 욕구를 자극하는 등 오늘날까지 부자들에 의한 미국 사회의 노블레스 오블리주 역할의 전통을 만들게 되었다. 카네기가 독특한 부의 철학으로 자선사업을 했다면 록펠러John Davison Rockefeller(1839~1937)의 자선사업은 독실한 침례 교인으로서 종교적인 신념이 컸다.

록펠러는 보이지 않게 자선사업을 많이 했다. 시카고 대학이 설립자 록펠러의 이름을 학교명에 넣겠다는 것도, 기증한 건물에 이름을 새기겠다는 것도 다 사양한 일은 유명한 일화다. 록펠러는 그의 손자에게 돈을 바르게 쓰도록 가르쳤고, 수입의 일부분은 자선 단체에 기부하도록 가르쳤다. 록펠러는 98세로 죽을 때까지 자선 사업가로서 제2의 인생을 살았다.

록펠러가 감동받은 글 '주는 자가 복이 있다'는 말처럼 그는 "살면서 이처럼 행복한 삶이 있다는 것을 미처 몰랐습니다. 내 인생의 55년은 항상 쫓기듯 살았지만 나머지 43년은 정말 행복한 시간이었습니다."고 말했다. 록펠러의 자선사업은 사회적 부의 불평등은 일회적 시혜나 자선을 통한 대중요법에 의해 해결될 수 없다는 인식에 따른 것으로 보건, 교육 분야에서 해결할 수 있도록 체계적이고 장기적으로 지원한다는 게 자선 활동의 출발점이었다.

오늘날 현존하는 세계 1위의 갑부는 미국의 마이크로소프트사 회장 빌 게이츠William H. Gates (1955~)이다. 매년 돈을 제일 많이 벌고 제일 많이 기부하는 빌 게이츠는 2006년 6월 15일 발표하기를, 2008년에 마이크로소프트사의 경영에서 은퇴하겠다고 발표했다. 그 동안 경영을 주로 하고 자선 활동을 부업으로 삼았던 것을 2년 뒤에는 사업보다는 자선에 더 많은 관심을 기울이게 될 것이라고 말하고 있다.

그는, "마이크로소프트사의 성공으로 나는 거대한 부를 축적했다. 많은 재산에는 막중한 책임이 따른다. 부를 사회에 돌려줄 책임이 있고 또 최선의 방식으로 돌려주어야 한다고 나는 믿는다."고 말했다. 이 말에서 게이츠의 부에 대한 철학을 느낄 수 있다. 게이츠는 자신의 재산에서 가족들 몫으로 1,000만 달러를 빼고 나머지 재산은 모두 사회에 환원할 것이라고 강조했다. 또한 부시 정부의 상속세 폐지 법안에도 반대하고 있다.

지난 2007년 6월 26일 미국의 버크셔 헤더웨이의 회장 겸 CEO인 워렌 버핏Warren Edward Buffett(1930~)이 평생 모은 재산 374억 달러를 5개 자선단체에 기부할 계획이며, 이중 80%가 넘는 300억 달러를 게이츠 재단에 기부한다는 발표가 있었다. 사상 최대 규모의 기부금과 함께 게이츠 재단은 현재 291억 달러의 자산에 버핏이 기부한 300억 달러가 더해지면 총 600억 달러 수준으로 확대된다.

이는 거대 공룡 자선 재단의 출현을 의미하는 것이고, 세계 1, 2위의 갑부가 자선사업에서 합병을 시도한 것이다. 지금까지 미국 부자들의 공익 재단 설립과 기부행위를 살펴보면 우리나라 최고 부자들은 상상도 못할 부의 철학, 돈의 가치관이 담겨져 있는 자선적 기부행위이자 사회 공헌 활동이라고 생각된다.

더군다나 워렌 버핏 같은 세계 2위의 갑부가 그 많은 재산을 자기 이름으로 공익 재단을 세워 출연하지도 않고, 게이츠 재단을 위시에 몇 개의 다른 자선단체에 기부한 행위는 그의 독특한 부의 철학이 없이는 할 수 없는 일이고, 진정한 자선적 기부행위, 진정한 사회 공헌을 위한 행동으로 보지 않을 수 없다.

워렌 버핏은 행복해지기 위해 거액을 기부한다고 했다. 버핏은 자신을 부자로 만든 자본주의 체계가 빈곤 문제를 근본적으로 치유하는 데에는 한계가 있다는 것을 알고 있었다. 그래서 버핏은 상속세 폐지에 대해서도 반대하고 있다.

우리나라의 경우도 짧은 산업화의 시간 속에서 기업의 사회적 책임과 자선적 기부 행위를 온몸으로 보여준 사례가 있다. 유한양행과 유일한 사장이 이뤄 낸 성과다. 유한양행의 창립자인 유일한 사장은 1971년 76세를 일기로 영면하면서 재산 전부를 공익법인에 기증한다. 그의 경영 철학으로 기업 이익은 기업을 키워 일자리를 만들고, 정직하게 납세하며, 그리고 남는 것은 기업을 키워 준 사회에 환원한다는 것이었다.

특히 미국에 있는 장남에게는, "너는 대학까지 공부시켰으니 앞으로는 자립해서 살아가라."는 유언만 남겼다고 한다. 그로부터 20

년 후 1991년에 타계한 유재라 여사도 전 재산을 공익 재단인 유한 재단에 기부하였다. 유일한 사장처럼 자신이 창업한 사업을 자신과 혈연관계도 없는 사람에게 물려 주었던 일은 우리나라에서 처음이라고 한다. 유한양행이 정경 유착을 하지 않을 수 있었던 비결은 원칙을 지키고 기업 활동을 통해 얻은 정당한 이익과 납세가 있었기 때문이다.

또 최근에 와서는 일부 국민들 중에 평생 모아 온 재산을 사회 공익사업을 위하여 자선적으로 기부하는 경우를 가끔 볼 수 있고, 그 일례로 최근 한의학계 원로 류근철 박사가 KAIST에 기부한 578억 원은 대학 기부금 사상 최고액이라고 하며, 한국의 미래를 위한 과학 인재 양성을 위한 기부라는 점에서 큰 귀감이 되고 있다.

세금만으로 해결할 수는 없다

그러나 아직도 우리나라 대재산가들의 대부분은 2세, 3세에게 한 푼이라도 재산을 더 물려주기 위해 앞에서 말한 여러 가지 상속, 증여세 회피 방법을 이용하려 하고, 변칙적인 사전 상속의 구멍을 찾고 있다.

이는 우리나라의 대재산가들의 기부 문화가 조금씩 바뀌고는 있으나 아직도 오랜 전통을 가진 유럽의 노블레스 오블리주 문화와 자본주의 국가에서 발전해 온 미국식 특유의 기부 문화는 여전히 자리를 잡지 못하는 것으로 보인다.

이를테면 공익성 기부를 위해 한국이나 미국이 똑같이 세법상 상속, 증여세 감면 조치를 해 주어도 한국의 대재산가들의 공익성 기부행위는 모양만 갖추고, 국민들에게 감동을 주는 진정한 자선적 기부의 모습은 크게 나타나지 않고 있다. 이것은 법과 제도로 어느 정도 기부 문화를 유도할 수도 있겠으나, 기본적으로는 대재산가들의 부에 대한 철학, 돈의 가치관에 달려 있다고 본다.

미국의 자선 문화는 우리보다 훨씬 앞서 있다. 100년 전 미국이 겪었던 빈부의 양극화 현상과 반기업 정서를 우리는 이제 겪고 있는 중이다. 이 문제를 해소하기 위한 방법 중에 하나가 대재산가들의 노블레스 오블리주 정신과 자선이나 기부를 통한 재산의 사회 환원이다. 미국의 최고 부자 빌 게이츠는 미국인들 중 최고의 박애주의자란 말을 듣는다고 한다. 우리나라에도 앞으로 미국의 빌 게이츠나 워렌 버핏 같은 박애 정신이 투철한 부자들이 많이 나왔으면 한다.

우리도 앞서 말한 유한의 유일한 창업주와 류근철 박사와 같은 노블레스 오블리주 정신을 실천에 옮긴 훌륭한 분들이 있었다. 이 같은 자선적 기부행위와 진정한 사회 공헌 활동에 참여하는 대재산가가 앞으로 많이 나온다면 대기업과 대재산가에 대한 국민들의 반기업 정서도 많이 순화될 것으로 보고 또 빈부 격차 문제도 상당히 해소될 것으로 본다.

또 가진 자와 못 가진 자 사이의 갈등도 조금씩 눈 녹듯이 가라앉을 것으로 본다. 그리고 대재산가, 부자들이 국민들로부터 존경 받는 사회가 되면 나라 경제도 더욱 발전될 것으로 믿는다. 자선에 인색한 부자들은 앞으로도 결코 국민들로부터 존경과 신뢰를 받을 수 없을 것이다.

빈부 격차를 해소하고 소득재분배를 한답시고 가진 자에 대하여 중과세를 하고, EITCEarned Income Tax Credit 같은 새로운 '근로 장려 세제'를 펴는 것은 조세의 기본 원칙이나 행정의 효율성 측면에서 깊히 생각해 볼 문제라고 생각한다. 정부 행정으로 모든 것을 해결할 수 없다. 정부는 부자든 가난한 사람이든 간에 모든 국민을 마음 편하게 생업에 몰두하고 지장이 없게 껴안아 주어야 되고, 빈부 격차 문제도 국민 모두가 수긍하는 방법으로 해결해 나가야 된다고 생각된다.

그 중의 하나가 기부 문화다. 우리도 한국의 좋은 나눔의 전통문화로 기부 문화가 발전될 수 있도록 정부가 특별한 관심을 가져 주었으면 한다. 세금만으로 모든 문제를 해결하려 한다면 결코 좋은 성과를 얻기 힘들 것으로 보는 것이 나의 경험적 신념이다.

3부

세제 전문가들의 이야기

특별소비세 조사에 얽힌 뒷이야기

- 1회話— 골프장 과세
- 2회話— 보석상과 고급 가구점에 대한 특별 세무조사

조세 협약租稅協約에 얽힌 이야기들

- 한·미 조세 협약 1차 회의
- 한·호주 조세 협약 마지막 회의
- 한·일 조세 협약 상호 협의에서 있었던 일

음지陰地에서 일했던 재무부 세제 전문가들

- 밤낮없이 일하고 신경정신과 치료 받고
- 세금 이야기로 채운 TV 9시 뉴스

1장

특별소비세 조사에 얽힌 뒷이야기

• • •

특별소비세나 부가가치세는 간접세로 이론적으로는 소비자에게 전가하게 되어 있고, 사업자는 소비자로부터 이들 세금을 징수하여 국가에 납부하게 되어 있다. 그러나 현실적으로는 시장의 기능상 소비자에게 전가를 시킬 수 없는 경우가 대부분이다. 지금은 주로 신용카드를 이용하기 때문에 소비자가 신용카드로 결제하고자 하는 경우에는 특별소비세, 부가가치세를 카드에 명기하여 전가하지 않을 수 없고 신용카드로 결제하는 경우는 매상 수입이 모두 공개되기 때문에 세금도 부과(전가)하지 않을 수 없다.

제25회 국세청 개청 기념 다과회.

01

1화話— 골프장 과세

부가가치세가 시행되기 전에는 일반적으로 고가품은 말할 것도 없고 일반 생활필수품 중에서도 요긴한 물품에는 소위 물품세라고 하는 세금을 부과하고, 골프장, 극장, 카바레, 카지노, 파칭코 등 사치성 소비 행위의 정도에 따라 높은 입장세를 부과하였고, 주류에 대하여도 고급 정도에 따라 차등 세율을 적용하여 주세를 부과하였다.

그러나 부가가치세를 도입하면서 과거 영업세, 물품세, 입장세 등은 폐지되고, 부가가치세와 특별소비세, 주세만이 남게 되었다. 이에 따라 특별소비세는 일반적인 소비세로서의 부가가치세 이외에 사치성 물품과 행위에 대하여 좀더 중과한다는 취지에서 과세대상과 품목을 결정, 과세하도록 하였다. 경마장, 투전기, 골프장, 카지노 등의 입장 행위에 대하여는 1인 1회의 입장에 대하여 일정 금액을 특별소비세로 과세하고 있다. 이를테면 투전기는 1인 1회의 입장에 대하여 1만 원, 골프장은 1인 1회의 입장에 1만2천 원(1998년 개정)이었다.

골프장의 경우 지금은 신용카드를 사용하니까 수입 금액이 대부분 양성화되고 있으나 1970년대만 하더라도 주로 현금으로 결제하니까 수입 금액을 누락시키는 경우가 가끔 있었다. 그래서 당시에는 수시로 골프장에 세무서 직원이 나가 입회 단속하는 일이 많았다.

내가 국세청 간세국장으로 있을 때 부가가치세 시행과 더불어 골프장의 특별소비세 과세대상에 대한 과세 현황을 파악한 때의 에피소드를 소개한다. 내가 골프장의 과세 현황을 검토하다 보니 국방부에서 관리하는 태능, 남성대 등의 골프장은 과세를 하지 않고 있었다. 물론 이 골프장은 현역 군인들이 이용하기도 하지만 주로 예비역 군인, 그리고 민간인들도 자주 이용하는 곳이었다. 당시에는 골프장이 그리 많지 않아 민간인들이 이 골프장을 많이 이용하였던 것이다. 그런데 이 골프장들은 과거 입장세 시절부터 세금을 내지 않고 있다는 것이었다.

현역 군인은 모르지만 예비역 군인이나 민간인이 이용하면 법에

따라 골프장 이용에 따른 특별소비세를 내는 것이 마땅하다는 판단
에서 관할 지방청에 지시, 앞으로는 특별소비세를 내도록 조치하였
다. 얼마 지난 후 재향군인회의 회장단 일행이 국세청장을 예방하
여 이들 골프장에 대한 과세를 유보해 줄 것을 요청하였다. 당시 김
수학 청장은 담당 국장인 나를 불러 과세 경위를 설명하도록 했다.
박정희 대통령 시절이라 청장 입장에서는 군 장성 출신들인 재향군
인회 회장단의 요청을 거부하기가 힘든 상황이었다. 나는 현행법상
과세하도록 되어 있고, 또 다른 골프장에 대하여는 입회 검사까지
하면서 엄격히 조처하고 있기 때문에 과세 형평상 곤란하다고 잘라
말했다. 나도 예비역 장교로 이 골프장에 가면 혜택을 받는다고 농
담까지 했다.

당시 재향군인회 이 모 회장은 점잖은 분이었다. 나의 설명을 조
용히 듣고 난 후 잘 알겠다고 한 후 별다른 불만 없이 돌아갔다. 며
칠 지난 후 김 청장이 나를 보자고 했다. 사연인즉 청장이 업무 보
고하러 청와대에 들어가서 박 대통령께 업무 보고를 하는 과정에서
군인 골프장 이야기가 나왔고, 박 대통령께서 처음부터 과세를 할
것이지 지금까지 가만히 있다가 새삼스럽게 과세를 하고자 하는 것
은 집행상 문제가 있는 것이 아닌가, 그러나 현행법상 과세를 해야
한다면 과세를 하도록 하라고 하였다고 했다.

순간 나의 머릿속에는 두 가지가 떠올랐다. 하나는 우리 행정에
도 잘못이 있었구나. 대통령은 이점을 지적한 것이로구나, 둘째는

청장이 이야기를 끄집어 낼 때 나는 대통령께서 과세를 유보하라는 뜻을 전달하고자 하는구나 생각했는데 의외로 법대로 과세를 하라는 말에 당혹스러운 생각과 더불어, 아 역시 박 대통령은 훌륭한 지도자구나 하는 생각을 갖게 되었다.

그 후 박 대통령이 돌아가시고 난 후 상당한 세월이 지난 후 9홀의 대중 골프장과 더불어 군인들이 주로 가는 골프장은 직장 체육시설에 해당하는 것으로 합법적으로 과세대상에서 제외되었다.

2화話— 보석상과 고급 가구점에 대한 특별 세무조사

특별소비세 과세 대상 중에서도 보석, 귀금속, 고급 가구점 등은 특히 탈세가 심한 품목이었다. 지금은 세율이 많이 낮추어져 보석이나 고급 가구 모두 20%의 세율로 과세하고 있지만 초기에는 세율이 상당히 높았다.

특별소비세나 부가가치세는 간접세여서 이론적으로는 소비자에게 전가하게 되어 있고, 사업자는 소비자로부터 이들 세금을 징수하여 국가에 납부하게 되어 있다. 그러나 현실적으로는 시장의 기능상 소비자에게 전가를 시킬 수 없는 경우가 대부분이다. 지금은 주로 신용카드를 이용하기 때문에 소비자가 신용카드로 결제하고자 하는 경우에는 특별소비세, 부가가치세를 카드에 명기하여 전가하지 않을 수 없고 신용카드로 결제하는 경우는 매상 수입이 모두 공개되기 때문에 세금도 부과(전가)하지 않을 수 없다.

그러나 1977년 특별소비세가 시행되던 초기에는 사업자가 영수증을 발행하도록 되어 있으나 영수증이나 세금계산서를 성실하게 발행하지 않고, 탈세하는 경우가 많았다. 지금도 값비싼 보석 같은 경우는 신용카드를 쓰지 않고 현금(자기앞수표 포함)으로 거래하는 경우가 많다고 본다.

이런 경우는 사업자가 수입 금액을 속일 수 있다고 본다. 가구든 보석, 귀금속이든, 심지어 골프채도 손님이 신용카드를 사용하고자 하면 세금만큼 요금을 더 올려 받고자 하는 경우가 많다고 본다. 이 것은 세금만큼(특별소비세와 부가가치세) 싸게 해주고 그 만큼 세금을 탈루하는 결과가 된다.

특별소비세를 시행하기 시작한 초기(1977년)에 탈세가 심한 보석상과 고급 가구점에 대한 특별 단속을 수차례 걸쳐 시행한 바가 있다. 특히 보석상의 경우 고가의 보석을 취급하는 서울에서 가장 큰 종로1가 일대 보석상을 일제히 단속하였다. 그러나 보석상들의 보석 판매를 현장에서 포착하거나 판매 내용을 조사하는 일은 극히 어려웠다.

고가의 보석은 알음알음으로 은밀하게 거래되고, 수입 보석은 대부분이 밀수로 취득되기 때문에 사업자들의 보석 구입과 판매경로를 파악하기가 무척 어려웠다. 단속반이 갑자기 들이닥쳐 어쩌다 거래 비밀 장부를 압수한다 해도 장부에 적혀 있는 구입자의 신원을 파악하기도 어렵고, 파악이 된다 하더라도 구입자의 구입 내용을 조사하는 일도 쉬운 일은 아니었다.

한번은 종로의 제일 유명한 보석상 K점을 급습 단속한 바 있는데 조사반원들이 1층에 들어서자, 나중에 안 사실이지만 2층에서 요사이 같이 CCTV 같은 장치를 해 놓고 단속을 미리 포착하여 신속히 대처하는 바람에 거래 내용을 잡을 수가 없었다. 고가의 보석은 비밀리에 주요 고객을 상대로 거래하기 때문에 고가품의 거래는 아마 포착하기가 어려울 것으로 본다. 특별소비세는 고가품에 대해 높은 세율을 적용하여 사치성 소비를 억제하고자 하는 조세제도의 목적을 달성하기는 어렵다고 본다.

또 하나 고급 가구점의 특별 조사 사례를 보자. 1977년 당시 부가가치세 시행 초기라 한창 바쁜 와중에도 특별 소비세 과세 대상 중 고급 가구의 탈세 사례가 많다는 정보를 입수하고, 내사 분석한 결과 종로의 대형 A가구점이 탈세 제보도 있고, 내사 결과 탈세 혐의가 있어 특별 조사를 하기로 하였다.

이 A가구점은 당시 청와대에도 고급 가구를 독점적으로 납품할 정도로 위세가 대단했다. 청장도 이 가구점에 대하여 평소에 들은 바가 있어 특별 조사를 해야겠다는 보고를 했더니, 하려면 제대로 하라 섣불리 건드렸다가는 오히려 국세청이 공격을 당할 우려가 있으니 치밀하게 계획을 세워 시행토록 하라고 지시하였다.

나는 본청에서 직접 조사하기로 하고 본청 소비세 담당 사무관을 반장으로 하여 특별 조사반을 편성하였다. 당시 조사는 일반적으로 지방청 조사국에서 시행하는 것이 원칙이고, 특별 조사라 하더라도 조사반장은 고참 주사가 맡아 시행하였다.

그러나 이 건은 사전에 보안을 철저히 해야 할 상황이었고, 경우에 따라서는 외부로부터 상당한 압력이나 청탁이 들어올 것을 예상하여 본청에서 국장이 직접 진두지휘하도록 지시를 받고 조사반원은 서울 지방청 소비세 전문 요원을 차출하여 극히 비밀리에 조사에 착수하기로 하였다.

특별 조사는 사전에 납세자에게 조사 통지를 하지 않을 뿐더러 조사 요원에게도 조사 착수 일자, 조사 기업, 조사 방식 등은 조사 장소로 출발하기 직전에 알려주고, 경우에 따라서는 청장이 보안 유지상 차장이나 관계 국장과의 사전 협의 없이 담당 국장에게만 비밀리에 직접 지시를 하는 경우가 많았다.

이 경우도 담당 국장인 내가 직접 진두지휘를 하고 담당 과장과 담당 사무관만이 사전에 알고 면밀히 내사를 하고 계획을 세웠다. 당일 가구 판매 사업장 현장은 물론이고, 회사 사주의 집과 가구 공장까지 일시에 들이닥쳐 필요한 장부, 서류와 가구 일체를 압류하도록 하여 판매 상황과 재고 조사를 실시하였다.

 ··· 신세新稅는 악세惡稅인가

당시 국내 최대 가구점이라 사주 집 마당 구석구석에는 많은 가구가 있었고, 특별한 사항은 판매장을 조사하는 과정에서 거대한 비밀 창고를 발견하였다. 한쪽 구석에 이상한 문이 있어 강제로 개방을 해 본 결과 엄청난 지하 비밀 창고에 많은 가구가 보관되어 있었다. 그 지하 창고는 시내 모 공원의 지하에 깊숙이 자리 잡고 있었다. 조사 결과는 대성공이었다.

특히 지하 비밀 창고의 발견으로 엄청난 양의 고급 가구가 비밀리에 거래되고 있다는 사실이 적발이 된 점이었다. 조사가 진행되고 있던 어느 날 저녁 본청 조사국장으로부터 집으로 전화가 왔다. 이 건으로 모 기관으로부터 전화가 왔으니 참고하라는 것이었다. 이와 같은 일은 이미 예상했던 일이기는 하나 동료 국장 간의 상황이라 청장께 보고할 수도 없고, 또 이미 조사 내용이 대부분 노출된 상황이라 어떻게 적당히 처리할 상황이 아니었다.

그러던 차에 어느 날 회사 사주되는 분이 이른 아침 시간에 나의 집으로 찾아 왔다. 세무조사가 진행 중인데 이렇게 집으로 찾아오면 되느냐, 할 이야기가 있으면 사무실로 오라고 친절하게 돌려보냈다.

그 다음날 사무실로 찾아온 사주는 그렇게 탈세를 하고도 기세가 등등했다. 자리에 앉자마자 나도 할 말이 있다 하면서 국세청에서 이런 식으로 철저하게 탈세 조사를 한다면 자기도 그냥 있지 않겠다고 하면서 그 동안 자기와 접촉한 공무원들의 명단을 적은 쪽지를 나에게 보여주었다.

내가 그 종이쪽지를 훑어보니 세무 공무원은 말할 것도 없고, 다른 기관의 공무원 명단도 들어 있었다. 순간적으로 나는 이 사람이 나에게 협박을 하는구나 생각을 하고, 그 사주에게 '나에게 이런 명단을 보여주는 저의가 무엇인가.' 하고 되물은즉, 자기 사무실에 가끔 들르는 분들인데 자기로서는 할 도리를 다했다는 것이다.

나는 '그럼 이 명단이 이번 조사와 무슨 관계가 있는가, 나는 나대로 세무조사 결과를 엄격하게 집행할 터이니 그 명단은 귀하의 뜻대로 마음대로 처리토록 하시오.' 하고 답했다.

조사 결과 엄청난 탈세가 드러나고 과세처분 조치한 후 얼마 안 되어 그 가구점은 문을 닫게 되었다. 이 탈세 사건으로 인한 여파로 다른 가구점들의 세무 신고가 상당히 개선된 것은 말할 것도 없었다. 세법을 집행함에 있어 이 같은 일벌백계—罰百戒 식의 세무조사는 같은 업종의 다른 사업자들의 성실 신고 유도에 큰 파급효과가 있었고, 이에 따른 세수 효과도 있기 때문에 하나의 세정 기술로 이용되어 왔다.

실제 세무조사로부터 들어오는 세수 증가보다 이에 따른 파급효과로부터 들어오는 세수 증가 효과가 더 크다고 볼 수 있다. 이 가구점의 폐업 소식을 듣고 나의 마음은 편안하지를 못했다. 나 때문에 평생 일으켜 온 사업체의 문을 닫게 만든 죄책감이 나로 하여금 우울하게 만들었다. 나만 탈세를 하느냐, 모두가 다 탈세를 하는데 왜 나만 이렇게 모질게 조치를 하느냐고 울부짖던 그 사주의 말대로 과연 국세청이 행정을 공평하게 집행했느냐, 무엇이 공평 과세냐 하는 의문을 갖고 지금 와서 다시 한번 반성을 해 본다.

세월이 흘러 내가 국세청장 시절 우연히 국회에서 그 사주를 만나게 되었다. 그는 초선 국회의원이 되어 공교롭게도 국회 예산 결산 소위원회 위원으로 활동하면서 얼굴을 마주치지 않을 수 없었다. 목례를 하고 조용히 인사를 청했다. 그 분도 다른 표정을 짓지 않고 인사를 받았다.

나의 경우는 앞장에서도 몇몇 사례를 이야기한 바 있지만 세법을 집행하다 보면 본의 아니게 남의 가슴에 못을 박는 일이 많았다. 그래도 나는 공직을 그만두고 길거리에서 따귀 맞은 일은 없었지만 내가 모셨던 모 청장은 그만두고 나서 골프장에서 봉변을 당한 일이 있었다고 한다.

오죽하면 이런 일이 있을 수 있을까. 지금 와서 생각해 보면 세법의 엄격한 집행에만 신경을 쓰고 집행에 따른 조사 요원들의 무리한 조사 방식과 태도 등에 대하여는 미처 관심을 보이지 못한 것이 크게 아쉽다.

아무리 큰 잘못을 저질렀다고 해도 사업자가 폐업을 할 정도로 조사를 하고 과세를 했다면 문제가 있지 않는가 하는 반성을 해 본다.

Masahiko, Kadodani 일본국세청장관 내청 요담.

2장

조세 협약 租稅協約 에 얽힌 이야기들

• • •

당시 재무부 세제국에는 이 방면의 전문가가 거의 없었다. 나만 해도 승진해서 국제조세과장이 되었고, 국제 조세 분야는 처음이었기 때문에 상당히 긴장된 마음으로 회의를 준비하였다. 미국으로 가는 비행기에서도 내내 관련 자료를 검토하고, 영어로 된 조세협정 모델Model의 깊은 내용과 의미를 파악하느라 한숨도 자지 못했다.

국세청 전화자동세무상담(TRS) 개통식.

01

한·미 조세 협약 1차 회의

1971년 한국과 미국의 조세 협약을 체결하기 위해 실무 교섭을 하러 미국의 워싱턴DC에 간 일이 있었다. 당시 옛 재무부 세제국장이 수석대표가 되고, 내가 담당 과장인 국제조세과장으로 사무관 한 사람과 더불어 세 사람이 한미 조세 협약 회의에 참석한 일이 있다. 조세 협약은 일방 국가의 과세가 다른 국가의 과세와 상충되는 경우 이 같은 국가 간에 일어나는 과세권의 충돌을 해결하고, 양쪽 국가에서 동일한 과세 소득, 또는 물건에 대하여 이중으로 과세하는 것을 방지하기 위하여 체결하고 있었다.

조세 협약은 특별법의 위치에 있어 국내 세법에 우선하여 적용하게 되어 있고, 이러한 부분은 세법과 조세 협약을 적용하는 데 있어 도처에서 발견할 수 있다.

이를 테면 사업소득은 국내에 소위 고정 사업장permanent establishment이 없으면 과세할 수 없는 것이 원칙이고, 또 배당, 이자, 사용료 소득도 국내법의 세율이 적용되지 않고 협약상의 제한 세율이 적용되며, 또 주식의 양도 차익에 대해서는 당사국 간 조세 협약 내용에 따라 소득 원천지국에서 과세하거나 거주지국에서 과세되는 경우가 있는 것이 대표적인 사례이다.

앞장에서 이야기한 바 있는 미국의 석유 회사 걸프Gulf가 당시 선경에 주식을 팔고 철수할 당시 주식 양도 차익에 대하여 한국에서 과세한 근거는 한미 이중과세 방지 협정 해석상 우리나라에서 과세할 수도 있다는 근거에서 과세하게 되었다. 최근 논란이 되었던 론스타의 경우는 본사가 벨기에 에 있기 때문에 한국과 벨기에 간의 이중과세 방지 협정상에는 주식의 양도 차익은 거주지국(벨기에)에서 과세한다는 규정 때문에 한국에서 과세할 수 없다는 해석이 나왔던 것이다.

조세 협약은 국제 거래에 따른 이중과세를 방지하자는 것이 기본 목적이다. 그러나 한편으로 한 국가의 과세권을 확보하고자 한 데도 그 목적이 있었다고 본다. 우리나라의 경우는 일본과의 조세 협약이 처음으로 체결이 되었고, 두 번째로 미국과 조세 협약을 체결하고자 1차로 실무 교섭단이 미국에 가게 된 것이다.

이때는 1971년도에 제2차 경제개발 5개년 계획이 끝나고, 1972년부터 시작되는 제3차 경제개발 5개년 계획이 시작되는 시기로 조세 정책 측면에서는 경제개발을 위한 투자 재원을 확보하고, 이와 같은 맥락에서 수출과 경제개발을 위한 조세 지원과 투자 유인 제도를 정비하는 일이 시급한 때였다.

이 같은 사회, 경제 상황에서 미국에 많이 진출해 있는 한국 기업들을 지원 내지 보호하고 앞으로 우리나라에 진출할 미국의 자본과 경제 거래에 따른 국제 거래 과세 문제에 대비하기 위하여 미국과의 조세 협약을 서두르게 되었다고 본다.

그런데 국가 간의 국제 거래에 따른 이중과세방지협정의 내용은 국내 세법과는 별도로 고도의 전문적인 지식을 필요로 했고, 국가 간의 경제 거래의 내용과 규모, 과세 방식에 따른 국가 과세권의 이해득실 등을 사전에 꼼꼼히 따져 봐야 하는 어려운 협정이었다.

그러나 당시 재무부 세제국에는 이 방면의 전문가가 거의 없었다. 나만 해도 승진해서 국제조세과장이 되었고, 국제 조세 분야는 처음이었기 때문에 상당히 긴장된 마음으로 회의를 준비하였다. 미국으로 가는 비행기에서도 내내 관련 자료를 검토하고, 영어로 된 조세협정 모델Model의 깊은 내용과 의미를 파악하느라 한숨도 자지 못했다.

Model 협약은 조세 협약의 기준이 되는 것으로 OECD Model과 UN Model이 있다. OECD Model은 선진국 입장에서 만들어진 기준으로 주로 소득 원천지국 과세를 제한하고, 거주지국 과세를 기준으로 하고 있고, UN Model은 후진국 입장을 대변한 협약 기준으로 소득 원천지국 과세를 많이 도입하고 있다.

조세협정 모델의 내용을 파악하기 어려운 것은 실제 적용 사례가 그 당시까지만 해도 거의 없었기 때문에 내용이 생소하고 실감나게 파악이 되지 않았다. 그래도 나름대로 한국의 과세권과 수출 기업에 도움이 되는 방향으로 우리들의 입장을 하나하나 영어로 정리하여 준비해서 회의에 임하게 되었다.

그런데 회의 도중 미국 측 수석대표가 몇 가지 조항에 대하여 한국의 입장을 잘 이해하지 못하겠다는 것이었다. 내용인즉 자기들이 볼 때는 한국 측이 주장하는 내용이 오히려 한국 측에 불리할 것인데 왜 고집을 하는지 모르겠다고 하면서 당해 조세협정의 내용과 취지를 우리 측에 오히려 소상히 설명해 주고 한국 측이 주장하는 의견과 입장을 다시 잘 검토해 보라는 것이었다. 마치 학교 선생이 학생들을 가르치는 식으로 회의를 진행해 나갔다.

미국은 그 당시 이미 여러 나라와 조세 협약을 많이 해본 경험이 있고, 또 미국 재무성 국제 조세 담당 국장은 이 방면에 대단한 전문가였기 때문에 우리가 잘 이해하지 못하는 조세 협약 모델의 내용에 대해서는 친절하게 설명해 주고, 또 우리 측 입장도 충분히 이해하는 선에서 원만하게 회의를 하려고 했다고 본다.

이자, 배당 등 제한 세율 문제 이외는 미국 측 입장을 크게 고집하지 않았다고 본다. 그때만 해도 우리나라 경제력에 대하여 크게 경계를 할 상황이 아니었다고 생각되고, 어떤 면에서는 경제개발 초기 단계에 있는 한국을 도와주려는 생각도 있었던 것으로 본다.

한국과의 조세조약은 한국의 요청에 의하여 한미 양국의 경제 거래 활성화를 돕고, 양국의 우호를 증진시킨다는 측면에서 미국에서 회의를 먼저 열고, 한국에서 2차 회의를 하는 것으로 아주 우호적인 분위기에서 대부분의 조세 협약 내용에 합의를 보게 되었다.

지금 생각해 보면 그때만 해도 미국은 후진국이나 우리나라 같은 경제개발 초기 단계에 있는 나라들에 대하여 경쟁의식을 크게 가지고 있지 않고, 도와주고 협력해 주는 모습을 보였다고 본다.

우리 입장에서는 당시 경제개발 초기 단계로 해외, 특히 미국으로 기업들이 많이 진출하고, 또 우리나라에 외국 자본을 적극 유치해야 할 입장에 있었기 때문에 이에 따른 양국 간의 조세 마찰이 없도록 하고, 또 미국에 진출하는 우리 기업을 조세 면에서 지원해 주고자 하는 것이 그 당시 한미 조세 협약 조기 추진의 주요 목적이었다고 본다.

이를 계기로 그 이후 외국과의 조세 협약을 적극 추진하게 되었다. 왜냐하면 미국과 조세 협약 회의를 해 본 경험으로 조세 협약은 우리 경제가 더 커지기 전에 미리 해 두는 것이 유리하다는 판단을 하게 되었다. 앞서 이야기한 미국의 걸프 석유 회사가 한국에서 철수할 때 주식 양도 차익에 과세를 할 수 있게 된 것도 우리에게 유리한(UN 모델 적용, 소득 원천지국 과세) 한미 조세 협정 체결 덕분이었다고 생각된다.

02

한 · 호주 조세 협약 마지막 회의

내가 옛 재무부 세제국장이 되고 난 다음 해 (1981년 초) 한 · 호주 조세 협약의 마무리 회의가 호주의 수도 캔버라에서 있었다. 그런데 회의에 가기 위해 출발하기 하루 전에 내가 부친상을 당하게 되었다. 상당히 당혹스런 일이 생긴 것이다.

국가 간의 협정 체결을 위한 회의 일정을 바꾸기란 여간 어려운 일이 아니기 때문에 그냥 떠나자고 했으나 대표단 일행들이 그래도 친상이니 호주 조세 당국에 한번 알아보겠다고 하여 사정을 이야기했더니 호주 당국에서 정중한 조의까지 표하면서 당연히 며칠 연기를 하자고 흔쾌히 응해 주었다.

지금도 그 분들의 호의에 고마워하고 있다. 호주 조세 당국과 가진 조세협정 회의는 상당히 힘들었다. 좀처럼 쉽게 양보를 하지 않고 끈질기게 자기들의 입장을 고수했다. 호주 측 수석대표(호주 국세청 차장)는 사석에서는 아주 친절한 모습을 보였다.

그러나 일단 회의에 들어가면 극히 냉철한 사람이었다. 때문에 나는 말할 것도 없고 담당 사무관이었던 이용섭(뒤에 국세청장, 건설교통부 장관 역임) 씨가 준비를 하느라고 많은 고생을 했다. 수석대표인 나로서는 호주와 맺을 조세 협약은 당장 급한 것이 아니었기 때문에 호주를 떠나는 날 마지막 시간까지 줄다리기를 계속했다.

결국 몇 가지 조항은 합의를 보지 못한 채 회의를 마치고 공항으로 떠나게 되었다. 그런데 공항에서 출국을 기다리는 동안 호주 측 대표단에서 연락이 왔다. 결국 우리의 입장을 수용하는 안을 가지고 공항에서 호주와 조세협정을 완전히 체결하게 된 것이다.

지금도 기억이 생생하지만 공항의 세관 사무실에서 마지막 합의 사항에 대한 서명을 하고 복사본을 각각 2매씩 만들어 급하게 서로 교환하는 촌극을 벌였다. 호주 정부 입장에서는 다음 회의를 서울에서 하게 되면 더 불리해질 수도 있다는 점과 양국의 협정 체결 필요성에서도 호주 측은 하루라도 속히 협정을 체결하는 것이 바람직스럽다고 판단했을 것으로 본다.

호주와의 조세 협정에서도 얻은 교훈은 조세 협정은 우리가 급하게 필요해서 서두르는 것보다 미래를 위해 미리미리 여유를 가지고 추진하는 것이 국익에 도움이 되었다는 점이다.

03
한·일 조세 협약 상호 협의에서 있었던 일

한·일 조세 협약 교환 각서는 1970년 3월 일본 도쿄에서 이루어졌다. 그러나 그 후 1972년 8월 한일 조세 협약 적용상 문제가 있어 조세 협약 규정에 따라 도쿄와 서울에서 두 차례에 걸쳐 상호 합의를 위한 실무자 회의가 있었다.

당시 나는 재무부 국제조세과장으로 동경에서 한번 회의를 하고 결말을 보지 못하고, 서울에서 두 번째 회의를 하게 되었다. 전문적인 내용은 생략하고 서울 회의에서 있었던 일화 한 토막을 소개하고자 한다.

일본의 당시 대장성(지금은 재무성)의 다까끼 주세국장主稅局長이 단장이 되어 아오끼 국제조세과장과 사무관 한 사람이 오고, 한국의 일본 대사관에 파견 나와 있는 재무관이 회의에 참석하였다. 다까끼 국장은 나이가 좀 든 분으로 대단히 대범한 분으로 기억되고 수행한 아오끼 과장은 나의 카운트 파트로 도쿄 대학 법학부를 수석으로 졸업한 수재라는 평을 듣는 사람이었다.

우리 쪽에는 나오연 당시 세제국장이 단장이 되고, 나와 국제조세과 사무관, 그리고 관련과의 전문가들이 수시로 회의에 참석하였다. 다까끼 국장은 친한파로 우리나라 도자기에 깊은 관심을 가지고 있어 회의 기간 중 한 번은 이천에 있는 도자기 공장을 구경시켜 주기도 했다. 회의는 주로 아오끼 과장과 내가 대표가 되어 실무자끼리 현안 문제점을 중심으로 서로의 입장을 끈질기게 논쟁하였다.

당시 주한 일본 대사관에 근무하던 재무관은 우리말을 좀 알아듣기 때문에 우리 쪽 대표들끼리 귓속말로 의견을 조율하는 경우 상대방이 알아듣지 못하게 하느라 신경을 쓰기도 했다. 상대방의 제안을 주고받는 경우 우리는 즉시 세제국의 관련 전문가의 의견을 들을 수 있고, 그 제안에 따른 우리의 경제적 실익을 계산기(기계식, 당시에는 전자계산기가 나오기 전임)나 주판으로 즉시 따져 볼 수 있었으나 일본 측은 그렇게 할 수가 없었다. 어쨌든 회의가 끝나는 마지막 날까지 상호 합의를 볼 수가 없었다.

두 번에 걸친 회의에도 합의를 보지 못하고 떠나는 날 일본 대표단이 세제국장실에 작별 인사차 들렀다. 출국 시간 3시간 정도를 앞두고 다까끼 국장이 그 자리에서 우리 측 제안을 수용하는 용단을 보였다. 우리도 다까끼 국장이 그렇게 우리 안을 수용할 것으로는 예상을 하지 못했다. 국장끼리 차를 마시고 환담하는 동안 실무자들끼리는 황급히 합의 서류를 만들어 단장들이 그 자리에서 합의 서명을 하고, 그것으로 상호 합의는 막이 내려졌다.

나중에 알게 된 사실이지만 한일 조세 협약상 이 상호 합의 사항으로 우리에게는 상당한 실익과 과세권 확보를 가져오게 되었다. 그러나 일본 대표단은 일본으로 되돌아가 합의 사항을 다시 검토해 본 결과 문제가 있음을 파악하고, 아오끼 담당 과장이 책임을 지고 그 자리에서 물러나게 되었다는 이야기를 전해 듣고, 나로서는 씁쓸한 마음을 감출 길이 없었다.

회의 상대방이기는 하였으나 당시 다까끼 국장과 아오끼 과장은 인간적으로는 훌륭한 분들이라고 기억이 된다. 조세 문제는 조세 당국자 간이나 국가 간의 조세 협약에 있어서도 윈윈 게임win win game으로 끝나는 것이 바람직하지 않나 하는 생각이 들었다.

3장

음지陰地에서 일했던 재무부 세제 전문가들

• • •

직접세 담당관(직세과장) 시절 신경성 위장병으로 많은 고생을 했다. 여러 유명한 내과 병원을 다녔으나 치료가 되지 않다가 신경정신과 의사인 친구의 도움으로 몇 달간 신경정신과 약을 복용하면서 위장병을 다스렸다. 그런데 수석 사무관 한 사람이 그 약 봉투에 신경정신과 ○○○의원이라 적혀 있는 것을 보고, 하루는 나에게 조용히 드릴 말씀이 있다고 하면서 하는 말인즉, "과장님 요사이 정신적으로 문제가 있느냐."는 것이었다.

01

밤낮없이 일하고 신경정신과 치료 받고

나는 공직생활의 반을 옛 재무부에서 보냈다. 세제국에서 사무관으로 두 번 자리를 옮겼고, 국제조세과장, 직세과장, 그리고 세제국장, 국세심판소장, 세정 차관보까지 했으니, 죽 조세 관련 자리에서만 일을 했다고 볼 수 있다.

조세정책을 수립하여 이를 입법화하고, 또 국세청에서 제대로 집행되고 있는지 관심을 가져야 했다. 특히 사무관 시절, 직세과장, 세제국장 시절은 나의 공직생활에서 가장 힘든 시절이었고, 직세과장 때는 너무나 힘이 들어 그만두고 싶을 때가 한두 번이 아니었다. 거의 매일 야근을 하고 밤을 새워 일한 적도 한두 번이 아니었다.

그때는 통행금지 시간이 있어서 야근하는 경우 저녁 늦게까지 일하고 택시를 타고 집에 오면 거의 12시가 되곤 했다. 지친 몸으로 택시 속에 몸을 던지면서 내가 이런 식으로 꼭 살아야 하나 하는 생각도 수없이 했다. 더구나 상사로부터 야단을 맞고 돌아올 때는 더욱 그랬다.

그래도 나는 과장, 국장 자리에 있으니 적으나마 명예와 일한 보람이라도 있어서 견딜 수가 있었으나 지금 와서 생각해 보니 부하 직원들은 오죽했으랴 싶은 생각도 든다. 그 때문에 당시 국세청에서 초임 사무관을 제외하고는 재무부 세제국에서 일하기를 희망하는 사람이 거의 없었다. 내가 직세과장에서 대전 지방 국세청장으로 승진해 가면서 후임 과장을 물색해 보라고 해서 당시 국세청 과장 중 적임자 몇몇을 타진해 보았으나 모두 사양할 정도였다.

내가 사무관으로 처음 재무부 세제국에 부임할 때인 1967년에는 큰 세제 개혁이 있었다. 당시 김 모 세제국장은 너무나 스트레스를 많이 받아 신경안정제를 복용할 정도였다. 결국 그 국장은 배겨나지 못하고 다른 사람과 교체하게 된 일도 있었다. 내 경우도 직접세 담당관(직세과장) 시절 신경성 위장병으로 많은 고생을 했다. 여러 유명한 내과 병원을 다녔으나 치료가 되지 않다가 신경정신과 의사인 친구의 도움으로 몇 달간 신경정신과 약을 복용하면서 위장병(과민성 대장염)을 다스렸다. 그런데 수석 사무관 한 사람이 그 약 봉투에 신경정신과 ○○○의원이라 적혀 있는 것을 보고, 하루는 나에게 조용히 드릴 말씀이 있다고 하면서 하는 말인즉, "과장님 요사이 정신적으로 문제가 있느냐."는 것이었다.

과장이 하도 일에 시달려 정신 질환에 걸린 것은 아닐까, 자기들끼리 걱정 끝에 대표로 한 사람이 나에게 상담을 한 것이다. 그때만 해도 신경정신과 병원은 정신질환자, 정신병 환자들을 치료하는 병원으로만 생각했던 시절이라 그 약 봉투를 보고 오해를 한 웃지 못할 일도 있었다.

그 후 친구인 정신과 의사 보고 사무실에서 있었던 일을 이야기했더니, 그 의사 친구도 그런 점을 미처 생각하지 못했다고 하면서 그 후 약 봉투에는 신경정신과란 글을 없애고 그냥 ○○○의원으로 고쳐 지금까지 그대로 사용하고 있다.

1980년 제5공화국(전두환 대통령) 첫해 막중한 임무를 띠고 국세청 간세국장에서 재무부 세제국장으로 자리를 옮겼다. 5공화국 첫해라 조세 면에서 뭔가 새로운 모습을 국민들에게 보여주어야 할 상황이었다. 당시 이승윤 장관은 금융 분야의 학자 출신이라 조세제도 개편은 나에게 일임하다시피 했다.

그래서 나는 장관께 부탁을 했다. 세제국 과장 세 사람을 우수한 사람으로 제가 고르고 바꾸도록 하겠으니 허락해 달라고 했더니 당장 그렇게 하라고 승낙했다. 요사이 같으면 국장이 과장 자리 세 사람을 자기 마음대로 갈아 치우는 것은 생각도 못할 일이었다. 나는 국세청 일선 세무서 서장 중에서 능력 있는 고시 출신자 두 명을 발탁하고, 한 사람은 재무부 내부에서 쓰도록 하였다. 직세과장으로 이근영 씨(뒤에 세제실장, 금융감독위원장 역임), 조세정책과장으로 이석희 씨(뒤에 국세청 차장이 됨)를 국세청에서 데려오도록 하였다.

내가 이런 이야기를 하는 이유는 그 당시 정부 중앙부서의 국장 자리가 얼마나 중요하고 막강했는가를 설명하기 위해서다. 실무 최고 책임자이기도 하였지만, 주요 정책도 국장을 중심으로 입안이 되어 제도화되고 집행이 되었다. 권한도 막강하였으나 그에 따른 책임도 그만큼 컸다.

물론 장관이나 윗분의 아이디어, 또는 지시가 있어 검토를 하는 경우도 많았으나 주로 국장이 중심이 되어 있었다. 그렇게 국장과 직원들이 일치단결하여 밤낮을 가리지 않고 업무를 적극적으로 추진하고, 각자 최선을 다하였다고 본다.

때문에 갖은 고생을 해도 정책이 성공적으로 빛을 보게 되고, 또 나라의 발전과 국민 경제 생활에 도움이 되면 그것으로 일에 대한 큰 보람을 느끼고 더욱더 나라 발전을 위해 공무를 수행하는 모습을 볼 수 있었다.

그리고 인사(승진, 보직 등) 면에서도 장관의 지시나 의사보다도 고위 간부들이 머리를 맞대고 객관적인 인사 자료와 개인의 능력, 적재적소 원칙, 그리고 미래 재무부를 이끌어 나갈 인재를 미리 양성한다는 차원에서 인사가 이루어졌다. 따라서 간부나 직원들은 일반적으로 이야기해서 외부의 인사 청탁에 신경을 쓰기보다는 열심히 일해서 상사로부터 능력을 인정받는 것이 가장 중요하다고 생각했다. 그래서 오로지 업무에만 온 정력을 쏟고 일에만 몰두하는 분위기가 일반적인 현상이었다. 최근의 공직 사회 분위기와 비교해 보면 큰 차이를 느끼게 한다.

세금 이야기로 채운
TV 9시 뉴스

1980년 초 재무부 세제국장으로 부임한 후 얼마 안 되어 첫 번째 어려운 일이 발생했다. 미국 걸프Gulf 석유 회사가 우리나라에서 투자한 주식 지분을 SK석유에 모두 양도하고 철수하게 되었다. 문제는 그 주식 양도 차익에 대하여 우리 정부가 과세할 수 있느냐 없느냐 하는 문제였다.

일반적으로 외국 기업의 주식 양도 차익은 그 외국 기업의 거주지국에서 과세하는 것이 원칙이었으나 당시 한미 이중과세 방지 협약상 관계 규정이 애매하여 이 경우 거주지가 한국이냐 미국이냐

하는 해석상 논란이 있었다. 이때 재무부 세제국에서 한미 이중과세 방지 협정상 관계 규정의 해석을 떠맡게 되었고, 국제조세과(당시 과장이 정덕구 씨, 뒤에 산업자원부 장관 역임)에서 신중히 검토한 결과 찬반양론이 팽팽한 상태에서 과장은 과세하는 편이 옳겠다고 했다.

결국은 국장인 내가 책임을 지고 최종 판단을 할 수 밖에 없었다. 결론은 과세하는 쪽으로 결정을 내리고 약 150억 원의 양도소득세를 원천징수하도록 국세청에 통보하였다. 당시의 세금 150억 원은 상당히 큰 액수였다. 나의 판단은 외국 기업의 경우 이렇게 해석이 팽팽한 때에는 일단 과세하는 것이 안전하다고 판단했다. 만일 양국 정부 간에 문제가 되어 우리의 해석에 잘못이 있는 경우 환급해 주면 되지만 과세를 유보한 체 주식 양도 차익이 모두 미국으로 반출되는 경우 추후에 과세, 추징하기는 대단히 어려울 것으로 생각하였다.

그런데 과세 조치를 한 후 걸프 측의 반발이 예상외로 컸다. 주식 양도 차익에 대한 과세는 거주지국인 미국에서 과세하게 되어 있는데 왜 한국에서 원천징수하느냐, 철수에 대한 보복적 과세가 아니냐면서 여러 가지 방법을 동원해 한국 과세 당국을 비난하고 반발했다.

마침 5공 초기 전 대통령이 미국을 처음 방문하는 길에 뉴욕에 머물게 되었는데, 그 시점에 맞추어 《Asian Wall Street Journal》에 대서특필되었고, 그 내용이 전 대통령께 보고가 되어 대통령이 귀국한 후 당시 이승윤 장관이 청와대에 과세하게 된 경위를 보고하게 되었다. 물론 그 전에 재무부 장관과 남덕우 총리께도 과세 경위를 설명했다. 장관은 5공 초기라 외국 기업에 대한 과세로 물의를 일으킨 데 대하여 상당히 못마땅한 표정으로 국장이 책임지고 말썽 없도록 잘 처리하라고 하였다.

걸프Gulf 측에서는 과세에 불복 한국 법원에 쟁송 절차를 취하고 있었다. 좀 시간이 지난 뒤 미국 재무성으로부터 과세하게 된 경위와 근거에 대하여 한국 재무부에 질문서가 왔다. 당시 걸프Gulf 측 변호인은 국제 조세 전문 변호인인 김 모 변호사였다.

나는 당시 김&장법률사무소의 대표 변호사로 있는 김영무 변호사를 만나 협조를 요청했다. 김영무 변호사와는 과거 내가 미국에서 공부할 때 같은 하버드 법과 대학원Harvard Law School에서 고락을 같이 한 인연이 있어 허심탄회하게 전후 사정을 이야기하고 법률적 검토 의견과 협조를 간곡히 부탁을 하자 김 변호사는 흔쾌히 받아 주었다.

나로서는 한미 조세 당국 간에 이 문제로 논쟁이 생겨 우리 정부의 무리한 과세로 결론이 날 경우 내 입장이 난처해지는 것은 말할 것도 없고, 우리나라에 진출한 외국 투자가에 대해서도 나쁜 영향을 줄 수 있기 때문에 심각하게 생각하지 않을 수 없었다.

당시 이 문제의 쟁점 사항을 중심으로 조세 전문 변호사, 회계사들이 심도 있게 검토하고 우리 정부의 결정을 객관적으로 검토하기 위해서 미국에 있는 유수한 로펌Law Firm에 이 케이스의 쟁점 사항을 익명으로 해서 서면으로 의견을 물어보았다.

그 결과 미국에 있는 로펌의 답변이 한미 이중과세방지협정 내용상 한국 조세 당국에서 과세할 수도 있다는 결론이 나왔다. 나는 김&장법률사무소에서 검토한 내용을 바탕으로 미국 재무성에 한국 조세 당국의 의견을 보냈고, 그 이후 미국 재무성으로부터 아무런 이의가 없었다. 이는 결국 한국 조세 당국의 의견을 수용했다는 것이 되었다. 나중에 전 대통령이 이 사실을 보고 받고 과세를 정당하게 잘했다는 칭찬을 받게 되었다.

그러나 이 사건을 계기로 나에게는 과거에 미처 생각하지 못했던 중요한 교훈을 깨닫게 해주었다. 지금도 마찬가지지만 그 당시에도 외자 유치, 또는 외국인 투자 유치가 정부의 중요한 경제정책이었던 만큼 외국 기업에 대한 과세는 그 과세 근거가 되는 법률적 검토를 신중히 하고, 과세 결정과 집행을 할 때에는 외국 기업에 사전에 충분히 설명해 주는 과세 과정이 중요하다는 사실이다.

또한 그 동안 국내 기업만을 상대로 과세를 해 오던 관행에 젖어 쟁점 사안에 대해서도 국세 행정 편의 위주로 집행을 해 온 과세 사례에 대하여 다시 한번 반성하는 계기가 되었다. 이 사건과 관련하여 당시 정부의 예산 형편상 정부 대리인이나 변호사에 대하여 수임료를 줄 형편이 되지 못하여 무료로 정부의 과세 입장에 이론적

무기를 제공해 주고, 협조와 최선을 다해 준 김&장법률사무소 관계자 여러분께 지금도 그 은혜를 잊지 못하고 있다.

1980년은 5공 초기라 정치 경제적으로 불안정한 상태에서 세제 개혁을 하게 되었다. 전 대통령 입장에서는 국민들로부터 신뢰와 새로운 신망을 얻고 나라의 최고 지도자로서 기반을 굳건히 해야 할 상황에 있었다고 본다. 나는 이런 정치 경제적 환경에서 어떤 방향으로 세제 개혁을 할 것인가 고민하지 않을 수 없었다.

그래서 생각해 낸 것이 이 기회에 그 동안 축적되어 온 조세 감면 사항을 세제 개혁 차원에서 대폭 정리하고, 다른 한편 근로 소득자의 세 부담을 대폭 경감해 주자, 대폭 경감에서 나오는 세수 감소는 조세 감면 축소에서 나오는 세수 증가로 상쇄하면 되겠다고 판단했다.

5공화국이 들어서면서 1980년대의 조세정책도 기본적으로 조세의 중립성을 통한 경쟁 촉진과 시장경제 체제의 확립에 역점을 두게 되었고, 이와 함께 성장 위주의 경제개발에서 부문 간 균형 발전과 저소득층의 보호라는 분배 측면이 강조됨에 따라 저소득층 보호와 세 부담의 형평성을 높이기 위한 공평 세제가 강조되게 되었다.

1980년 세제 개편의 기본 방향은 이 같은 1980년대의 조세 정책 방향과도 맞아떨어졌다. 조세 감면 제도의 대개편이란 명분 아래 조세감면규제법 체계도 전면 개편하였다. 조세감면규제법은 조세 감면을 규제하는 법이라고 해 놓고는 규제하기는 고사하고 감면만을 확대해 왔다. 이러한 불합리한 점을 개선하고자 감면 내용의 기준과 원칙을 정해 대폭 정리하였다.

이 법안은 나중에 부처 간 협의 과정, 그리고 경제장관회의에서 많은 논란이 있었고, 반대 의견이 쏟아져 나왔으나 원칙을 정해 일률적으로 처리했기 때문에 어떻게 다른 방도가 없다고 밀어붙여 조세 감면 축소는 결과적으로 상당히 성공을 거두었다고 본다.

세제 개혁을 함에 있어 세율 인하나 조세 감면은 수월하게 넘어가지만, 세율 인상이나 조세 감면 축소는 엄청난 역풍과 조세 저항을 각오해야 한다. 여하튼 1980년 7월경 이 같은 내용의 세제 개편안을 마련하여 우선 윗분(장관, 대통령)의 사전 제가制可를 받고 언론에 발표하게 돼 있었다.

장관의 결심과 제가를 받으려면 약 3시간 정도는 세제 개편안을 브리핑해야 되는데, 그 당시 모든 것이 바쁘게 돌아가는 상황에서 장관의 일정을 3시간이나 차지한다는 것은 정말 어려운 일이었다. 더구나 당시 재무부 장관은 금융 분야 업무에 주로 신경을 쓰고, 세제 분야는 특별한 경우를 제외하고는 어렵고 골치 아픈 업무로 생각하고 특별한 관심을 보이지 않았다.

왜냐하면 매일매일 일어나는 일들은 화폐, 금융 분야가 대부분이었고, 세제 분야는 당장 급하게 불을 꺼야 될 문제가 아니었기 때문이기도 했다. 그러나 세제국 실무자 입장에서는 세제 개편안을 마련하자면 몇 달을 밤낮을 가리지 않고 일을 해야만 했고, 또 세제 개편안이 확정되더라도 관련 세 법령을 고치자면 엄청난 작업을 해야만 했었다.

관련 부처와 빚는 마찰과 협의는 말할 것도 없고, 세법 개정안이 발표될 경우 국민들의 반응, 언론의 비판 등을 걱정하지 않을 수 없었다. 사실 재무부 내에서 가장 힘든 부서가 세제실이었다고 생각한다. 세제국 직원들은 별로 빛을 보지도 못하고, 오로지 정책이 결정되어 성공적으로 집행되는 것에 대한 일의 보람으로 그 많은 고생을 하고 있었다고 본다.

여하튼 내가 주무 국장으로서, 어느 날 무조건 쳐들어가는 기분으로 세제 개편안을 들고 관계 과장들과 같이 장관실로 들어갔다. 거의 2시간에 걸쳐 그 많은 세제 개편안 내용의 설명을 들은 당시 이승윤 재무부 장관은 그제야 세제 개혁 내용의 중요성을 새삼 주목, 그 동안 이 방대한 세제 개혁 작업을 수행한 세제국 간부와 직원들의 노고에 진심 어린 표정으로 수고와 격려의 말을 아끼지 않았다.

그리고 긴장된 표정으로 대통령께 보고할 수 있도록 내용을 간단하게 정리해 달라고 했다. 며칠이 지난 후 장관이 요약한 세제 개편안 내용을 들고 대통령께 보고하러 청와대에 다녀왔다. 보고는 잘되었느냐고 물었더니 보고는 잘했고 별말씀이 없었다고 했다.

나는 재무부 사무관 시절부터 세제 개혁 작업에 여러 번 관여해 왔는데, 가장 기억에 남는 세제 개혁이 1967년 때이다. 그때는 세제 개편안을 마련하여 당시 박정희 대통령께 보고하러 청와대에 가게 되었는데 당시 세정 차관보인 정소영 씨가 브리핑을 하고, 남상진 세제국장, 최각규 관세국장이 뒷자리에서 보좌하고 있었다. 그리고 나는 사무관으로 브리핑 차트를 들고 따라 들어가서 브리핑 회의실 뒷좌석 맨 마지막에 앉아 있었다.

1967년에 세제 개혁안 내용을 대통령께 설명하는 대회의실에는 공화당의 고위 간부를 비롯하여 행정부에서는 총리와 부총리, 서봉균 재무부 장관이 배석을 했다. 정소영 세정 차관보가 거의 2시간에 걸쳐 차분하게 설명을 드리고 있는 도중에 박 대통령께서 정 차관보 보고, "당신 힘들 테니 잠시 자리에 앉았다가 다시 시작해." 라고 말씀하였다.

나는 말단 사무관으로 대통령을 가까운 면전에서 난생 처음 만나 보게 되었고, 당시 박정희 대통령의 모습을 평생 잊을 수가 없었다. 대통령이 그 바쁜 스케줄 속에서도 이렇게 우리가(세제국 직원) 고생해서 작업한 내용을 진지하게 경청하는 모습, 그리고 몇 가지 내용에 대해서 질문을 하고 참석한 사람들의 의견을 들어보는 모습, 배석했던 최각규 관세국장이 대통령이 의문을 가진 사항에 대해 소상하고 막힘이 없이 또박또박 답변하는 모습, 그리고 브리핑하고 있는 정 차관보에게 자리에 앉아 좀 쉬라고 따뜻하게 배려하는 모습은 의외였다.

평소 나의 머릿속에 담겨 있는 박 대통령의 근엄하고 찬바람이

도는 이미지와는 전혀 다른 인자한 아버지 같은 모습을 보고 나의 마음은 처음 긴장된 상태에서 눈 녹듯이 편안함을 느낄 수가 있었다. 또한 대통령이라는 국가 최고 지도자가 이렇게 조세제도 개편에 큰 관심을 가지고 있다는 것을 알고, 그 순간 나로서는 평생 처음 느끼는 감동과 흥분이 몰려왔다.

이 같은 장면을 예전에 경험한 나로서는 이번에 전 대통령께 한 보고 절차와 반응은 너무나 대조적이었다. 지금 와서 생각해 보면 세금이 국민 생활에 얼마나 큰 영향을 미치는 것인지, 또 세금이 나라의 살림살이를 꾸려 나가는 데, 그리고 나라 경제 발전에 얼마나 중요한 역할을 하는지에 대한 식견과 미래를 내다보는 혜안이 국가 최고 지도자에게는 절실히 필요하다는 것을 깨닫게 해준다.

예전의 에피소드는 여기서 끝내고 다시 1980년에 단행한 세제 개혁으로 돌아가 보자. 이렇게 장관이 대통령에게 공식적인 보고가 끝난 다음날 기자들에게 세제 개편안 내용을 설명해 주었고, 저녁 시간에는 TV에 나가 이번 세제 개혁안의 내용을 주제로 대담을 하게 돼 있었다. 대담에는 방송국측에서 사회자가 나오고, 나와 서울대 차병권 교수(조세론 담당 교수, 나의 은사이기도 함)와 더불어 대담을 하기로 되어 있었다.

미리 대기실에 와서 준비를 하고 있는데 갑자기 이변이 일어났다. 당시 방송국 사장이 직접 우리가 대기하고 있는 장소에 나타나 오늘은 내용이 중요하니 대담 형식으로 하지 말고, 30분 동안 충분히 시간을 줄 테니 세제국장이 이번 세제 개편 내용에 대하여 하고 싶은 이야기를 모두 하라는 것이다.

나는 직접 혼자 30여 분 동안 이야기하는 것보다 대담 형식으로 하는 편이 시청자들이 보기에 훨씬 덜 딱딱하고 능률적이다, 그러니 원래 계획대로 대담 형식으로 하자고 우겼으나 방송국 사장이 윗분의 뜻이 그러하니 도리가 없다고 했다.

나중에 알게 된 사실이지만, 며칠 전 당시 교육세 신설 문제로 세정 차관보가 사무실에서 약 5분간 TV 인터뷰를 했는데 편집 과정에서 거두절미를 하는 바람에 내용이 이상하게 전달되는 방송 사고가 발생했다. 당시 전 대통령이 우연히 뉴스 시간에 그 인터뷰 내용을 시청하게 되었는데, 무슨 내용인지 잘 알지 못하여 상당히 진노하게 되었다.

그래서 재무부 장관에게 전화를 걸어 차관보가 그 중요한 교육세 신설 취지를 그렇게 부실하게 말할 수 있느냐 담당 차관보를 당장 바꾸라는 지시까지 내려졌다. 재무부에서는 진상을 파악해 본 결과 앞서 이야기한 대로 차관보가 인터뷰를 잘못한 것이 아니라 방송국에서 편집을 잘못한 것이었다.

그 사실을 청와대에 보고한 결과 대통령께서 앞으로 정부의 고위 간부가 TV에 출연하는 경우 마음대로 편집을 하지 말고 하고 싶은 이야기를 모두 할 수 있도록 하라고 야단을 친 소동이 벌어진 일이 있었다.

그 일이 있고 난 며칠 후에 내가 TV에 출연해 세제 개편안 내용을 설명하게 되었다. 30여 분 동안 혼자 마음껏 이야기하라고 하니 갑자기 등골에 식은땀이 났다. 준비도 안 해 왔을 뿐더러 30여 분을 쉬지 않고 혼자 이야기한다는 것이, 그것도 TV에서 생방송으로 한다는 것이 얼마나 힘들겠는가.

그러나 방송국 사정이 그렇다고 하니 어쩔 수 없이 갑자기 자료를 정리하여 얼굴에 식은땀을 닦고 알고 있는 내용을 거의 정신없이 이야기를 했고, 큰 문제없이 마치게 되었다. 당시 9시 뉴스 시간대를 30분간이나 별로 재미도 없는 세금 이야기로 채웠으니, 요사이 같으면 상상도 할 수 없는 일이 벌어졌던 것이다.

그 다음날 아침에 일어나서 아침 신문을 보고 상당히 놀랐다. 각 신문에는 어제 발표한 세제 개혁안 내용이 대서특필로 다루어졌다. 앞면은 말할 것도 없이 뒷면, 3면 해설까지 신문의 온 지면이 세금 이야기로 뒤덮여 있었다. 당시 5공화국이 들어서고 얼마 되지 않아 발표된 대표적인 정부 개혁정책 발표인데다 국민 생활과 밀접한 관련이 있는 법인세와 소득세, 그 중에서도 근로소득세 경감 등의 내용이 해설과 비판 등으로 신문을 꽉 채웠다.

아침 8시 반경 재무부 청사로 들어서는데 직원이 나와 지금 장관실에서 세제국장을 찾느라고 야단이 났다고 했다. 지금 같으면 핸드폰으로 연락이 되었을 터인데 내가 출근하기만을 기다리고 있었던 것이다.

바로 장관실로 올라가자 차관, 차관보 등 간부들이 모여 있었고, 장관께서 지금 즉시 자료를 챙겨 청와대 대통령 집무실로 들어가라는 것이다. 대통령께서 담당 세제국장만 들어오라는 것이다. 장관도 무슨 영문인지도 모르고 며칠 전 세정 차관보 사건도 있었던 터라 상당히 불안한 표정을 지어 보였다.

나는 신문에 난 기사 내용에 대해서는 담담했다. 사무관 시절부터 3번에 걸쳐 세제 개혁 작업에 관여한 경험이 있고, 언론에 기사가 어떤 식으로 다루어지는지도 대충 짐작을 하고 있었다. 신문에서 그렇게 크게 다루는 것도, 또 비판적인 내용도 반드시 곁들인다는 것도 알고 있었다. 나는 어제 저녁에 TV에서 세제 개편 내용을 설명할 때 무언가 잘못이나 실수가 있었나 하는 걱정이 앞섰다.

내가 청와대 대통령 집무실 회의 탁자에 앉아 보기는 처음이었다. 그것도 장관 옆에 앉는 배석이 아니고 나 혼자서 대통령 오른쪽 자리에 앉고, 내 건너편에는 당시 김재익 청와대 경제 수석, 그리고 그 옆에는 박유광 경제 비서관이 배석을 했다. 당시 전 대통령께서 좌정하고 차 한 잔 잠깐 마시고 난 뒤 다짜고짜 하는 말이, "그 오늘 신문에 세제 개혁에 관한 기사가 요란스럽게 났는데, 도대체 이번 세제 개혁의 요지가 뭐야?" 하는 것이었다.

물론 며칠 전에 재무부 장관이 대통령께 세제 개혁의 내용을 설명했으나 내용도 어렵거니와 신문에서 그렇게 크게 다룰 정도로 중요한 내용이라고는 생각지도 못했을 것으로 짐작이 갔다. 그리고 그 순간 어제 내가 TV에 출연한 내용 때문이 아니구나 하고 안도의 한숨을 쉬었다. 그리고 어제 TV에서 30분 정도 이야기한 내용도 있고 해서 아주 쉽게 요지를 설명해 드렸다.

"우선 한마디로 이번 세제 개혁의 요지는 근로 소득자의 조세 부담은 대폭 경감하고, 여기서 생기는 세수 감소는 그 동안 누적되어 온 조세 감면을 대폭 정리 축소해서 메우려고 합니다."

그리고 나머지 주요 내용은 쉽고 간단명료하게 하나하나 설명해 드렸다. 설명은 내 옆에 놓아둔 자료는 그대로 두고 대통령을 바로 쳐다보면서 그냥 대담하는 식으로 편안하게 했다. 사실 일개 국장이 대통령 앞에서 1, 2분도 아니고 몇십 분을 이야기한다는 것은 그리 쉬운 일이 아니었다.

그러나 어쩐지 그 분은 집안의 형님 같은 편안한 분위기를 만들어 주었다. 설명이 끝나고 나니 이번에 수고 많이 했다고 칭찬까지 하면서 옆에 있던 경제 수석을 보고 당의 간부들이나 국회의원들에게도 국장이 직접 가서 이런 중요한 내용을 교육 좀 시키도록 하라고 지시했다.

보고가 끝나고 문 쪽으로 나오는데 대통령께서 다시, "서 국장." 하고 부르기에 돌아보니, "당신 소신대로 열심히 하시오." 하고 다시 격려의 말씀을 해 주었다. 그 말 한마디에 그 동안 쌓인 피로가 한꺼번에 풀리고 하늘로 날아갈 듯한 열정이 솟구쳤다.

장관 사무실로 돌아오니 장관 이하 간부들이 모두 걱정스런 표정으로, "그래, 어떻게 된 거야?" 물어서 자초지종 이야기를 했더니 그제야 장관도 편안한 표정으로 "수고했어." 하면서 앞으로 대책을 그 자리에서 논의하였다.

이 사건은 당시 두 가지 의미가 있었다고 본다. 첫째는 대통령께서 취임하고, 그분 특유의 리더십으로 어떤 큰 이슈가 생길 때 담당 국장을 직접 불러 설명을 듣고 격려하며 일에 대한 소신과 동기를 북돋아 주었고, 다른 하나는 대통령과 장관으로 하여금 세금이 국민 생활에 얼마나 큰 영향을 미치고, 또 큰 관심 사항이 되고 있는가를 깨닫게 해 준 하나의 해프닝이었다고 본다.

30여 년 동안 공직생활을 하는 동안 나는 세 분의 대통령을 멀리서 또는 가까이서 지켜보았다. 박정희, 전두환, 노태우 대통령으로, 뒤에 두 분 대통령과는 직접, 간접으로 하는 일에 관여해 볼 정도로 가까이서 지켜보면서 한 나라의 대통령이라는 자리가 얼마나 힘들고 중요한 자리인지를 경험해 보기도 했다.

내가 지금까지 몇 가지 에피소드를 장황하게 이야기한 것은 나의 공직 생활 기간인 1960년대부터 1990년대 초까지 당시 공직자들의 일반적인 공직 생활의 한 단면이라고 볼 수 있다. 요사이는 걸핏하면 공무원들을 '철밥통' 이라고도 이야기하는데, 그 당시 공무원들은 대부분 상하 동료 간의 유대 관계, 신뢰 관계가 돈독했고, 열정과 보람으로 자기가 맡은 업무에 최선을 다했다고 본다.

상명하복도 철저했고, 공생활을 위해 사생활은 대부분 희생되는 경우가 많았다. 나의 경우 공직생활 동안 가족과 더불어 편안한 마음으로 한 일 주일의 휴가조차 가 본 일이 없다. 때문에 지난 1960년대부터 한 세대(약 30년) 동안 우리나라 경제가 비약적으로 성장을 하게 된 데는 기업가들의 노력도 있었지만, 정부 공무원들의 피땀 어린 노력으로 시회 각 분야를 이끄는 데 기관차 역할을 해 온 것이 큰 몫을 했다고 본다.

물론 이 과정에서 기업이나 공무원들의 부정적인 측면이 있기도 했지만, 전반적으로 사회 모든 부문이 열심히 뛰었다는 데는 이의가 없다고 본다. 물론 그 당시의 사회 환경과 오늘의 주변 환경하고는 여건이 다르긴 해도 사회 각 부문의 인재들로 하여금 일에 대한 열정과 힘을 결집시키고, 열심히 어떤 목표를 향하여 뛰게 한 데는 당시 국가 최고 지도자의 리더십과 통치 철학에 기인하였다고 나는 생각한다.

4부

나의 생각, 나의 이야기

신세新稅는 악세惡稅인가?
― 종합부동산세 제도의 실체

- 조세의 일반적인 원칙과 현실
- 국민개세주의 – '넓은 세원, 낮은 세율' 의 원칙
- 납세 협력 비용을 생각하라
- 근로 장려 세제에 대한 소견

미국 유학 시절 이야기
― 다시 되돌아가고 싶은 젊은 시간

- 준비도 못하고 떠난 유학길
- 하버드 법과 대학원에서 배운 것들

공직생활을 뒤돌아보며

- 공직생활을 뒤돌아보며
- 국세 행정에 대한 초심
- 대통령들의 근세 철학

1장

신세新稅는 악세惡稅인가?

―종합부동산세 제도의 실체

조세개혁은 다양한 이해관계 집단이 민감하게 반응하고, 정치적 이슈화가 될 가능성이 크므로 신중하게 추진되어야 한다. 우선, 할 수 있다면 조세원칙에 충실한 개혁이 되어야 하고, 다양한 이해 관계자가 참여하여 국민적 공감대가 형성되어야 한다. 그리고 개혁 과제별로 시급성, 명확성 등을 고려하여 단계적, 점진적으로 추진하여 일반 국민들이 예측을 하여 적응할 수 있는 시간을 충분히 주어야 할 것이다.

우리나라의 세제 개혁사를 되돌아보면 이와 같은 조세원칙에 충실하지 못했기 때문에 조세 저항도 경험하였고, 경제 왜곡 현상도 가져 온 때도 있었으며, 막대한 행정 낭비를 초래한 사례도 경험하였다.

이임사를 하고 있는 서영택 제7대 국세청장. (1988년 3월 5일~1991년 12월 20일). 3년 10개월 근무.

01 조세의 일반적인 원칙과 현실

이제는 지금까지 써온 이야기들을 한번 정리하는 차원에서 그 동안 내가 배운 조세 이론과 내가 30여 년 간 경험하고 집행한 조세 현실을 서로 연결해 보고, 지난 과거를 되돌아 반성해 보면서 미래를 내다보고자 한다.

조세제도가 갖추어야 할 일반적 원칙으로는 첫째 형평성과 공평성Equity, 둘째 효율성Efficiency, 셋째 조세의 단순성Simplicity을 들 수 있다.

형평성은 조세제도의 가장 기본적인 원칙으로 납세자들의 납세 능력에 맞는 세금을 부과하는 것이다. 고소득층은 고부담, 저소득층은 저부담의 소득수준별 형평성(수직적 공평성)과 소득수준이 유사하면 비슷한 세 부담을 할 수 있도록 하는 수평적 공평성이 있다. 구체적인 소득수준별 조세 부담 차이는 경제 상황이나 사회적 인식 등에 따라 달라질 수 있지만 기본적으로 납세자들의 동의를 확보할 수 있어야 한다. 형평 과세 이론에서 납세 능력의 척도는 소득, 자본, 자산 등 여러 가지가 있을 수 있으나 가장 객관적인 납세 능력, 직접적인 납세 지불 능력의 척도는 소득이라고 보아야 한다.

효율성은 조세가 야기하는 경제 왜곡을 최소화하고 경제 내 제화와 서비스 흐름의 중립성을 보장하는 효율적인 조세제도를 말한다. 이를 위해 '넓은 세원, 낮은 세율' 원칙이 필요하다. 좁은 과세 기반에 상대적으로 높은 세율의 부과는 세 부담 회피를 위해 경제주체들의 행위를 변화시키기 때문이다. 동시에 긍정적인 경제 효과가 큰 분야에 대해서는 경제성장에 도움이 되도록 낮은 세금을 부과하고 반대로 외부 불경제가 큰 분야, 반사회적인 경제 분야에 대해서는 높은 세금을 부과할 필요가 있다는 것이다.

그 다음 조세의 단순성이다. 사회가 복잡해지고 경제활동이 다양해짐에 따라 이를 규율하는 조세제도 역시 복잡성을 띠게 된다. 따라서 합리적인 조세제도는 될 수 있으면 단순한 조세체계를 구축하여 국민들의 이해도를 높여 줌으로서 각 경제주체들의 의사 결정을 신속, 원활하게 하고 이로써 경제활동을 활성화하도록 한다. 또한 국민이 자신의 조세 부담을 쉽게 이해할 수 있게 되면 납세 협력 비용Tax Compliance cost도 줄어들고 과세 당국의 행정 효율성도 높일 수 있다.

한편 조세제도가 신뢰성을 갖기 위해서는 시간의 흐름에 따라 유지해야 할 원칙도 있다. 조세제도의 안정성Stability과 지속 가능성Sustainability이다.

안정성은 경제주체들의 경제활동 과정에서 불확실성을 낮추어 주는 것이다. 미래에 대한 불확실성은 의사 결정을 지연시키고, 왜곡으로 인하여 경제성장, 혹은 국가적 효율 증대에 장애요인으로 작용할 수 있다. 조세의 지속 가능성은 합리적인 재정지출을 뒷받침할 수 있는 재정력을 확보하는 것이다. 이는 시간의 흐름 등 대외 여건 변화에 영향을 적게 받는 안정적인 세입 기반을 확보하는 문제라고 할 수 있다.

이 같은 세제 개혁을 위한 원칙들 사이에는 불가피한 상충 관계Trade off가 있을 수 있다. 조세제도의 단순성을 강조하게 되면 형평성과 효율성이 취약해질 수 있다. 조세 부담 능력에 적합한 조세 부과를 하다 보면 어느 정도의 복잡성Complexity은 불가피하다. 또한 공평성과 효율성 간에도 불가피한 상충 관계가 있다. 따라서 세제 개혁의 실행 과정에서는 우리나라의 경제 사회적 특성과 국민들의 선호를 반영한 여러 원칙들 간의 균형을 찾아야 한다.

세금은 국민들의 직접적인 금전적 부담과 관련된 문제인 만큼 조세제도의 개혁은 매우 민감한 사회적 이슈가 될 수 있다. 따라서 조세개혁은 다양한 이해관계 집단이 민감하게 반응하고, 정치적 이슈화가 될 가능성이 크므로 신중하게 추진되어야 한다. 우선, 할 수 있다면 조세원칙에 충실한 개혁이 되어야 하고, 다양한 이해 관계자가 참여하여 국민적 공감대가 형성되어야 한다. 그리고 개혁 과제별로 시급성, 명확성 등을 고려하여 단계적, 점진적으로 추진하여 일반 국민들이 예측을 하여 적응할 수 있는 시간을 충분히 주어야 할 것이다.

우리나라의 세제 개혁사를 되돌아보면 이와 같은 조세원칙에 충실하지 못했기 때문에 조세 저항도 경험하였고, 경제 왜곡 현상을 가져 온 때도 있었으며, 막대한 행정 낭비를 초래한 사례도 경험하였다.

02

국민개세주의— '넓은 세원, 낮은 세율'의 원칙

나의 세정 경험을 바탕으로 이야기한다면 앞서 이야기한 대로 조세제도는 가급적 중립적으로 운영되어야 한다고 본다. 조세의 기본적인 목적과 기능은 나라 살림살이를 꾸려 가는 데 필요한 재정수입을 국민들의 경제생활에 큰 영향을 미치지 않으면서, 그리고 될 수 있으면 국민 개개인이 세금에 대한 부담감을 크게 느끼지 않도록 하면서 원활하게 확보하는 데 역점을 두어야 한다고 생각된다.

다시 말하면 갑자기 새로운 제도 개혁으로 일부 계층이라 할지라도 일상생활에 큰 변화가 오고, 세금에 대한 어떤 중압감 등을 느껴 정부에 대해 큰 불만을 일으킬 정도의 상황을 만들어서는 안 된다는 것이다. 이런 상황이 되면 경우에 따라서는 국민 경제 활동에서 어떤 왜곡 현상을 초래할 수도 있다는 것이다. 조세제도는 앞서 이야기한 조세제도 본연의 목적과 원칙에 충실해야지 다른 사회, 경제 정책적 목적 내지는 정치적 목적으로 조세를 지나치게 이용해서는 안 된다는 생각이다.

과거에 우리나라 조세제도 역사를 보면 소득재분배 목적으로, 특정 산업의 유인 정책으로, 부동산 투기 억제 목적으로, 사치성 소비 억제 목적으로, 국민 저축 증대 목적으로, 심지어 경기 진작 유인책 등의 목적으로 조세를 지나치게 이용한 사례가 많았다고 본다.

물론 조세의 사회, 경제 정책적인 기능도 무시할 수는 없지만 너무 지나치게 조세를 이용한 경우가 많지 않았나 생각된다. 조세 감면을 제한하겠다고 조세 특례 제한법으로 세법 명칭까지 바꾸기도 했으나 아직까지 많은 조세 감면 기능을 이용하고 있고, 또 세법을 개정할 때마다 정치적으로 근로 소득자, 영세 사업자 세 부담 경감 주장으로 근로 소득자 중 과세자 비율이 54%(2004년), 종합 소득자 (주로 사업자)의 과세자 비율은 52.5%(2004년)로 소득자의 47%가 과세대상에서 제외되고 있다는 이야기다.

선진국(미국은 과세자 비율이 68%, 일본은 79%, 영국은 80%)과 비교해 볼 때, 물론 우리나라 소득수준이 낮은 점을 감안한다 해도 과세자 비율이 극히 낮다고 볼 수 있다. 이 때문에 과세대상이 되는 53%에 해당되는 근로자나 사업자들이 많은 세 부담을 지게 되는 결과가 된다. 이를테면 종합소득 세율이 8%에서 17%, 26%, 최고 35%로, 최고 세율로 비교하면 외국에 비하여 높지 않다고 하지만 소득이 월 334만 원 이상 월 667만 원까지는 26%, 667만 원 이상부터는 35%의 세금을 내게 된다. 여기에 부가세까지 합치면 거의 40%가 된다.

현재 우리나라 국민들의 소득수준으로 볼 때 결코 낮은 세 부담이라고 볼 수 없고, 어떤 의미에서 보면 중산층 이상이 소득세의 대부분을 내고 있다고 보면 된다. 일찍이 A. Wagner는 공정의 조세원칙에서 과세의 보편성과 과세의 공평성을 주장했다. 그 나라의 국적을 가진 이상 신분과 특권에 관계없이 납세의 의무를 지게 되어 있고, 비록 최저 생계비 선상에 있는 사람도 원칙적으로 납세의무를 지게 함으로써 '국민개세주의國民皆稅主義'를 주장했다.

나 역시 평소에 국민개세주의를 늘 주장해 왔다. 첫째는 과세의 보편성 입장에서 국민 된 도리로 원칙적으로 소득을 버는 사람은 단돈 100원이라도 납세에 참여한다는 의식 차원에서 세금을 내는 것이 바람직하다. 100원을 면제해 준다고 해서 그 소득자에게 큰 도움이 되지도 않는다. 그뿐 아니라 자꾸만 면세자를 넓혀 주다 보면 '넓은 세원, 낮은 세율'의 효율적인 조세제도와는 거리가 멀어지는 결과를 가져올 수 있다는 것이다.

적은 소득을 올릴 때부터 국민 된 도리로 적은 세금이나마 납세에 참여하는 의식과 정신을 심어 주는 것이 전혀 세금과는 무관한 소득자로 취급하는 것보다 중요하다고 본다. 소득재분배 정책과 사회 복지 정책은 보편적으로 올바르게 징수된 재정수입을 바탕으로 지출 정책이나 기타 사회 복지 정책을 통하여 시행하는 것이 훨씬 효과적이라고 본다.

다음은 부동산 투기 억제를 위한 조세개혁을 보자. 1967년에 처음으로 부동산 투기 억제를 위한 특별조치세법을 제정하였다. 당시 정부는 서울과 부산, 그 인접 지역을 대상으로 토지의 양도 차익에 대해서는 양도 차익의 실현 시점에서 공지의 보유에 따른 미실현 이득에 대해서는 2년마다 부과되는 부동산 투기억제세를 제정하였다.

그러나 미실현 이득에 대한 과세의 어려움으로 공지 과세 제도는 1968년에 폐지되었지만, 그 같은 발상으로 1989년 12월에 개발부담금제와 토지초과이득세란 새로운 세금이 부활하게 되었다. 그러나 토지초과이득세는 미실현 이익에 대한 과세와 이중과세 등의 이유로 우여곡절 끝에 9년 만에 그 수명을 다하게 되었다.

토지초과이득세에 관하여는 앞에서 자세하게 이야기하였듯이 당시 긍정적인 측면도 있었으나 기본적으로 미실현 자본 이득 unrealized capital gains에 대한 과세는 실제로 소득의 형태로 실현되지 않아 지불 능력이 없는 상황에서 과세하게 되는 것으로 오늘날까지 현대 국가의 대표적인 조세 이념으로 받아들이고 있는 국민경제적 조세원칙에 반하는 제도였다고 본다.

이에 의하면 정당한 세원은 재산에 있지 않고, 소득에 있는 것이라고 했다. 자본과 재산에 지나치게 중과될 때 그것은 세원의 고갈과 조세 저항을 초래할 가능성이 있기 때문에 올바른 세종과 세원을 선택해야 한다고 했다.

이 때문에 일반적으로 재산에 대한 과세 원칙을 보면 그 실현된 자본이득에 대한 과세는 국세로 징수하나 재산 자체에 대한 과세는 소득에 대한 과세의 보완세로 지방자치의 목적으로 지방세로 과세하는 것이 원칙이다. 조세정책은 그 동기와 명분이 아무리 훌륭하다 해도 앞서 이야기한 조세의 기본적인 원칙에 크게 어긋나고 또 정책 결정 과정에서 다양한 이해관계 집단과 충분한 협의가 없다면 성공하기 어렵다고 본다.

03

종합부동산세는 어떤 세금인가

우리는 앞 장에서 1977년 부가가치세 제도의 도입 과정과 집행, 1989년 토지초과이득세의 도입과 폐지 과정에서 많은 교훈을 얻게 되었다. 나는 현재 시행하고 있는 종합부동산세 제도도 이 같은 관점에서 미래를 내다보면 된다고 본다. 종합부동산세는 부동산 투기 억제 목적과 다주택 보유자, 고급 주택 보유자에 대한 재산세 중과로 소득재분배 효과와 주택 가격 안정을 목적으로 신설하였으나 조세의 기본적인 원칙에서 벗어나 조세 이외에 다른 목적으로 지나치게 이용하려 한 데 가장 큰 오류가 있다고 본다.

종합부동산세의 실체를 보면 첫째, 재산을 세원으로 하는 과세는 지방자치단체에서 지방세로 과세해야 하는 것이 조세 원칙이고, 외국의 경우도 일반적으로 재산은 지방세의 세원으로 하고 있다. 이를테면 미국 같은 경우는 주정부세로 운용하고 있고, 주마다 세율이 다르다.

지방 주민의 교육과 사회복지 등 지방자치단체의 재정 수요에 맞추고, 어느 정도 지방 주민의 양해를 얻어 재산세 부담을 결정하며, 지출을 통하여 지방 주민에게 그 혜택이 돌아간다. 때문에 재산세 부과에도 신중을 기하게 마련이고, 징수된 세수입도 낭비 없이 효율적으로 쓰게 마련이다. 우리같이 국세로 징수하여 지방에 양여하게 되면 징수에 따른 어려움이 없기 때문에 자칫 낭비하기 쉽다고 보인다.

둘째 종합부동산세 부담의 공평성과 적정성이다. 조세의 세원은 기본적으로 소득과 재산, 소비지출로 볼 수 있는데, 이중에서도 소득이 세원의 기본이고, 특히 재산은 소득 과세의 보완세로 운영되는 것이 조세원칙이다. 따라서 재산 과세는 무리하게 과세하지 않는 것이 또한 원칙이다.

보유 재산을 처분하지 않으면 납세할 수 없는 상황이 된다면 그야말로 지나친 과세 조치이고, 특히 1가구 1주택일 경우 평생 열심히 일해 모은 가족의 기본재산이라고 보아야 하는데 주택 가격이 서민들보다 높다고 해서 중과세하는 것은 그 동안 개인 본인을 위하거나 나라를 위해 열심히 살고 일해 온 삶의 결과에 대한 징벌적 과세로도 볼 수 있다.

물론 자신의 소득(현재 소득 또는 과거 소득)으로 해마다 몇 백만 원 또는 몇 천만 원의 재산세를 별 부담 없이 낼 수 있는 사람도 있을 것이지만, 대부분이 큰 부담감을 느낀다면 설사 과세의 명분(일종의 부유세적 성격)이 충분하다 해도 조세의 적정성 원칙에 크게 어긋난다고 본다.

셋째 조세의 중립성 원칙에도 크게 위반된다고 본다. 조세가 야기하는 경제 왜곡을 최소화하고, 국민들의 경제생활의 흐름에 중립성을 보장하는 효율적인 조세제도를 위해서는 앞서 이야기한 ‘넓은 세원, 낮은 세율’ 원칙이 중요하다. 좁은 과세 기반에 상대적으로 높은 세율의 부과는 세 부담 회피를 위해 경제주체들의 행위를 변화시키기 때문이다.

이 같은 관점에서 보면 종합부동산세도 그 정책 목적을 설사 어느 정도 달성할 수 있다 하더라도 오히려 부작용이 더 클 것으로 본다. 고소득자의 소비지출 감소로 전반적인 경제 침체 현상, 주택 미분양 사태, 건설 경기 후퇴, 주택 세입자의 부담 증가, 나아가 2007년부터 과세 대상자가 늘어남에 따라 보이지 않는 조세 저항도 큰 부작용이다.

이는 바로 정부의 모든 정책에 대한 불신, 비협조로 이어질 가능성도 배제할 수 없다. 2005년에 이 제도를 도입하고, 2007년에 과세

대상을 확대하여 과세 대상자는 37만9천 명(개인 기준)이 되고, 전체 주택의 약 2% 정도밖에 안 되니까 별 문제가 없다고 한다.

문제는 단순히 산술식으로 보면 국민의 98%는 과세 대상이 아니니까 별 문제가 없다고도 볼 수 있다. 그러나 문제는 바로 2%에 해당하는 과세 대상자의 조세 저항이다. 비율로는 2%이나 여기에 해당하는 38만 명의 과세 대상자는 우리의 경제, 사회 활동에 많은 영향을 줄 수 있는 국민 계층일 수 있다.

앞서 말한 대로 이들이 경제의 정상적인 흐름에 영향을 줄 수 있고, 경제 왜곡 현상을 불러일으킬 수도 있다는 것이다. 조세 저항이란 과거처럼 동대문 시장, 평화 시장을 폐쇄한다든가, 정부를 향한 집단 시위를 하는 것만이 아니다.

종부세 대상 분포(2007년, 개인 기준)

1주택자	14만7천 명	38.7%
2주택자	11만2천 명	29.5%
3주택자	12만 명	31.8%
합계	37만9천 명	100%

자료: 국세청

그것보다 더 무서운 것은 보이지 않는 무저항의 조세 저항이다. 이렇게 되면 98%에 해당하는 국민 계층에도 얻는 것보다 잃는 것이 더 많을 수도 있다.

따라서 정부 당국자는 산술식으로만 생각하지 말고, 조세의 기본 원리에 따라 조세제도를 정상화하는 것이 모든 계층의 국민을 편안하게 하고 국민 경제에도 도움이 된다고 생각한다. 국민의 혈세라는 말이 있긴 하지만 '세금 폭탄' 이란 말은 함부로 써서는 안 되는 것이다.

넷째 종합부동산세는 과거 헌법 불합치 판결로 폐지된 토지초과이득세와 유사한 문제점을 가지고 있다. 종부세의 중과세 배경을 보면 주택 가격의 상승으로 큰 재산상의 이익을 보게 되므로 설사 그 이익이 실현되지 않았더라도 주택 가격 안정 차원에서 중과세하겠다는 것이다.

그러나 이는 결국 재산의 미실현 이익unrealized capital gains에 과세하는 결과가 되고, 또 나중에 양도할 때는 실현된 이익에 대한 양도세를 또 내게 되므로, 종부세와 양도세의 과세로 이중과세 문제가 생길 수도 있다.

이 같이 종부세는 토지초과이득세와 유사한 정책 목적과 과세 내용을 가지고 있다고 볼 수 있고, 오히려 종부세가 토지초과이득세보다 더 가혹하다고도 볼 수 있다. 과거 토초세는 투기 지역의 토지 과다 보유자의 지가 상승분에 대한 과세로, 미실현 이득에 대한 과세이긴 하나 세금이 무겁고, 부담스러우면 유휴 토지를 매각하거나 나대지에 건물을 지으면 세금을 피할 수 있었다.

그러나 종부세는 주로 국민의 주거 공간인 주택에 대한 과세로 부담이 지나치게 과한 경우 보유 주택(특히 1가구 1주택의 경우)을 쉽게 처분할 수도 없고, 특히 과도한 양도소득세 부담도 문제가 된다.

오히려 주택 시장의 원활한 흐름을 왜곡시키고 있다고 보아야 할 것이다. 때문에 재산 관련 세금은 취득할 때 취득 가액이나 공시 가액을 기준으로 보유세를 과세하고(중과세를 하든 어떻든), 팔 때 그동안 집값 상승에 따라 실현된 소득에 대하여 양도소득세를 과세하는 것이 조세 논리다.

외국의 경우 이 같은 과세 방식이 일반적이다. 종부세 같이 매년 달라지는 주택과 나대지 공시 가격을 기준으로 과세하는 것은 불합리하다고 본다. 특히 주택 가격 상승이 전적으로 주택 소유자의 책임만이 아니지 않은가.

04

납세 협력 비용을 생각하라

마지막으로 우리는 새로운 조세제도를 마련할 때에는 납세자 입장에서의 납세 협력 비용Compliance cost(납세자가 납세를 위해 부담하는 일체의 비용)과 징세 당국의 징세비를 반드시 고려하여야 한다. 이 같은 관점에서 보면 1977년 부가가치세 제도를 도입할 때 시행한 세 번에 걸친 예행연습과 초기 10년 간 사업자의 경우 세금계산서를 4매씩 작성하도록 한 것은 세정 편의 위주의 행정으로 납세자에게는 엄청난 납세 협력 비용을, 징세 기관에게는 많은 행정비용을 초래했다고 볼 수 있다.

또 1989년 제정, 시행한 토지초과이득세는 징수된 세액과 신세의 효과에 비하여 지나치게 많은 행정 낭비와 징세비를 지불했다고 본다. 당시 일선 세무관서의 거의 모든 직원이 토지초과이득세 집행에 매달릴 정도로 행정력이 집중되었고, 이 때문에 소극적으로는 다른 세금의 징세 업무에 차질을 가져왔다.

따라서 적극적으로 그 업무량을 다른 세정에 투입하였더라면 더 많은 세수를 확보하고 세정 발전이 이루어졌을 것으로 본다. 어쨌든 신세新稅를 도입하게 되면 새로운 세법에 적응하는 데 따르는 납세 협력 비용, 납세 순응 비용順應費用이 생겨나게 마련이지만, 과거에는 행정 편의 위주로 지나치게 납세자에게 협력을 요구한 사례가 많았다고 본다.

지금 시행하고 있는 종합부동산세는 정부가 친절하게 지도 안내를 하고 있기 때문에 납세 절차에 따른 새로운 비용은 큰 문제가 없다. 다만 세 부담이 지나치게 징벌적이기 때문에 납부에 따른 심리적 비용이 클 것으로 본다. 납부할 세금을 어떻게 준비할 것인가, 은행으로부터 융자를 받을 것인가 또 큰 집을 정리할 것인가, 또 부득이 체납하는 경우 체납 가산금도 엄청나게 부가되기 때문에 이런 모든 납세 협력 비용과 심리적 비용은 어느 신세新稅보다도 크다고 본다.

05

근로 장려 세제에 대한 소견

또 한 가지, 2007년부터 시행을 준비하고 있는 근로 장려 세제EITC: Earned Income Tax Credit이다. 이 제도의 취지와 도입 배경에 대하여는 이의가 없으나 이 정책의 시행 시기와 방법에 문제가 있다고 본다. 이와 비슷한 제도는 미국이나 영국 등 선진국에서 시행을 하고 있으나 우리나라의 국민 소득 수준(특히 1인당 국민소득)에 비추어 볼 때 너무 성급하지 않은가 하는 점이다.

우리나라는 아직도 소득세 비과세 인원 비율이 전체 소득자의 거의 50%를 차지하고 있는 상황에서 나머지 50% 소득자들로부터 더 많은 세금을 거두어 EITC 대상자들에게 돌려주어야 하는데, 이는 앞서 이야기한 조세의 형평성, 중립성 원칙에도 크게 반한다고 본다.

또 내가 항상 주장하는 국민개세주의 원칙에도 반한다고 본다. '넓은 세원, 낮은 세율' 로 모든 국민으로부터 적정 수준으로 세금을 원활하게 거두어 세출 정책을 통해 저소득계층의 교육비, 의료비 등 복리 후생적인 비용을 지원해 줌으로써 근로 의욕을 고취하고 근로소득을 증대시켜 나가도록 하는 것이 더 바람직하다고 본다.

새로운 세금을 더 받는 것도 아니고, 받은 세금을 지출하는 데 그렇게 많은 국세 행정력(국세청에 새로운 근로소득지원국 신설, 이 행정 업무 집행을 위해 국세공무원 2,000명 증원)을 투입, 소모한다는 것은 국가 재정 수입의 원활한 확보를 주 임무로 하고 있는 국세청 본연의 기능면에서도 문제가 있고, 정부 전체 행정의 효율성 면에서도 문제가 있다고 본다.

이 제도 또한 종합부동산세와 마찬가지로 조세제도와 행정을 조세 이외에 다른 목적으로 지나치게 이용하려 한데서 나온 문제라고 본다.

2장

미국 유학 시절 이야기

― 다시 되돌아가고 싶은 젊은 시간

● ● ●

지금 잠을 자면 꿈을 꾸지만 지금 공부하면 그 꿈을 이룬다.
가장 위대한 일은 남들이 자고 있을 때 이뤄진다.

― 하버드 대학 도서관에 적힌 글귀에서

하버드 법과 대학원 유학 생활은 내 공직생활의 미래를 밝게 이끌어 준 큰 계기가 되었다고 본다. 재정과 조세에 관한 새로운 지식을 재충전하는 기회도 되었고 미국이라는 선진사회의 문물을 몸에 익히는 기회가 되어 그 후 미국을 위시한 외국과의 이중과세방지협정 체결 등 조세 관련 국제회의를 새롭게 주도하는 일에 참여하는 계기가 된 것은 물론이고, 옛 재무부 세제국의 경제개발을 지원하는 조세정책의 방향과 기본 내용을 마련하는 데 결정적인 역할을 하게 되었다.

국세청장 이임식 후 6개 지방 국세청장과 서울 지방 국세청의 서장단 이상 간부와 함께 (1991년 12월 20일).

01

준비도 못하고 떠난 유학길

하버드 법과 대학원Harvard Law School에 1년 (1968.7~1969.6) 간 다녀온 유학은 내 인생에 큰 분수령이었다고 본다. 대학에서 4년 간 배우고 읽은 것 이상으로 1년 동안 나는 많은 것을 배우고, 또 많은 자료와 책을 거의 강제로 읽어 냈다. 연수 후 1개월 동안 워싱턴DC에 있는 미국 재무성, 국세청Internal Revenue Service에서 직업훈련on the job training을 받고 미국 서부 캘리포니아 주 수도인 새크라멘토Sacramento 주정부에서 2주 간 주매상세에 관한 실무 교육도 받고 1969년 7월 말경에 귀국하였다.

1967년 2차 경제사회 개발 5개년 계획 재정 지원을 위한 세제 개혁(당시 재무부 세제국 총괄 담당 사무관)을 마친 후 그 이듬해인 1968년 세제 개혁으로 고생했다고 위에서 외국 연수를 다녀오라고 했다. 처음에는 3, 4개월 코스로 국제통화기금IMF 자금으로 워싱턴 DC에 있는 국제통화기금IMF에 다녀오라고 하였다.

그러다 1년 4개월 코스로 주한미국경제협조처USAID 자금이 나와 다른 사람이 가게 되었는데, 당시 세정 차관보로 있던 정소영 씨(뒤에 청와대 경제 수석, 농림부 장관 역임)가 나를 불러 3개월짜리 미국 연수는 별 의미가 없으니 나의 장래를 위해서 1년 코스로 유학을 다녀오라는 것이었다.

정소영 씨는 미국에서 재정학 박사 학위를 받은 분이라 외국 연수의 필요성을 잘 알고 있던 분이었다. 당시에는 재무부에서 1년간이나 장기 연수를 간 경우가 없었기 때문에 나로서는 썩 마음이 내키질 않았다. 군대 생활을 4년 6개월 하는 바람에 그러지 않아도 고시 동기생들보다 뒤처져 있었는데, 연수라고 하지만 또 1년이란 세월을 재무부를 떠나 외국에서 시간을 보낸다고 생각하니 동기생들보다 더 뒤처지지 않을까 걱정이 되었다.

그래서 정소영 차관보에게 3, 4개월 코스로 연수를 다녀오겠다고 했더니 다짜고짜 화를 내면서, 딴소리 하지 말고 다녀오라고 하시면서, 미국 연수 다녀온 후에 보직을 걱정하는 모양인데 그런 쓸데없는 걱정은 하지 말라, 공부하고 돌아오면 당신이 싫어도 앞으로 중요한 자리에 쓰이게 된다고 했다.

그분의 모든 판단은 옳았고, 나의 생각은 우물 안 개구리 같이 멀리 내다보는 안목이 부족했다고 본다. 나는 그 후 두고두고 그 분이 인재 양성을 위해 깊은 배려를 해 준 데 대해 항상 고마움을 갖고 있다.

1968년 7월 25일 미국 유학을 앞두고 우선 급한 것은 영어 실력이었다. 우리 세대는 문법과 해석, 작문은 어느 정도 수준급이었으나 회화는 당시 지방 출신자들의 경우 어려움이 컸다. 나는 약 3개월을 앞두고 서울대학교 어학연수 코스에 영어 회화 수강 등록을 했다. 오후 일과 시간 후 2시간 정도 영어 회화 공부를 할 목적이었으나 한 1주일도 나가지 못했다.

4월부터 7월까지는 내년도 세입예산 편성을 위한 세수 추계를 하는 등 가장 바쁜 시간이었다. 담당 사무관으로서는 잠시라도 자리를 비울 수가 없는 상황이었다. 당시 세제국장으로부터는 이 바쁜 시기에 무슨 외국 유학을 간다 하느냐고 핀잔을 여러 번 받았다. 얼마나 바빴으면 한번은 점심시간(12시~1시)에 국장이 급히 나를 찾았다. 점심 식사 도중에 뛰어 올라가 국장실에 들어서니 국장 말이, "누가 점심시간에 식사하러 가랬어?" 했다. 국장도 급한 나머지 나온 말이기는 하나 나도 엉겁결에, "국장님. 점심시간에 식사를 하지, 점심 식사는 언제 해야 됩니까?" 하자, 국장도 순간 어이없이 웃고 말았다.

이렇게 바쁜 와중이라 영어 회화 공부는 엄두도 내지 못하고 출발 일은 하루하루 다가오고 있었지만, 미국 1년 유학을 위한 준비는 아무것도 할 수 없었다. 당시 미국 대사관이 재무부 청사 바로 옆이라 주한미국경제협조처USAID 자금으로 유학을 가는 공무원 담당 여직원이 모든 수속을 준비해 주고 있었다.

원래 본인이 와서 같이 준비와 수속을 해야 되는데 내가 너무나 바쁘게 일하고 있다는 것을 알고 대신 모든 수속을 해 주었고, 미국으로 출발하는 당일 아침 사무실로 여권과 비행기 표를 직접 가지고 와서 잘 다녀오라고 인사까지 하였다. 떠나는 날 오전까지 일을 했으니까 요사이 외국 유학을 가는 공무원과 비교하면 상상도 할 수 없는 일이었다.

요사이는 최소한도 6개월 전에 직장 업무는 일단 손을 떼고 유학 준비에 몰두할 수 있게 되어 있다. 아무튼 이렇게 해서 1968년 7월 25일 미국 유학길에 오르게 되었다. 아무런 준비 없이 마치 수영 못하는 사람이 해병대에 입대하는 기분이었다. 당시 재무부에서는 이렇게 1년간 해외 유학을 가는 사무관은 내가 처음이었다. 물론 당시 경제기획원에서는 2년짜리 해외 유학을 가는 사무관들이 많이 있었다.

당시 유학비용 등 학비와 체재비(월 400달러 정도), 그리고 책값 등은 주한미국경제협조처USAID 자금으로 지원해 주었고, 왕복 비행기 비용은 한국 정부에서 부담했던 것으로 안다. 요사이는 공직자 유학 비용을 모두 정부가 부담하고 있다. 태어나서 외국에 나가 본 경험은 이것이 처음이었다.

비행기는 제트 프로펠러 기종이었다. 미국 본토까지 바로 직행하지 않고 알래스카 앵커리지에서 잠시 쉬어 급유를 하고, 샌프란시스코로 갔다. 샌프란시스코에 도착하니 미국인이 마중 나와 자기 집으로 나를 데려갔다. 이곳에서 하루를 쉬고 다음날 워싱턴DC로 갔다.

워싱턴DC 조지타운 대학에서 1개월 간 영어 수업을 받고, 요사이 같으면 토플 같은 시험을 보았다. 다행히 토플 시험에는 합격이 되어 보스턴 캠브리지에 있는 하버드 법과 대학원Harvard Law School에 가게 되었다. 캠브리지Cambridge는 주변의 공원이 울창한 숲과 나무, 〈러브 스토리love story〉에 나오는 찰스 강, 그리고 고풍이 넘치는 근엄한 대학 빌딩과 넓은 교정으로 둘러싸인, 그야말로 한 폭의 그림 같은 아름다운 캠퍼스 타운이었다. 내가 이런 곳에서 다시 공부를 하게 되었구나 하는 벅찬 감동과 더불어 처음 며칠 동안은 가슴 설레는 시간으로 밤잠을 설칠 정도였다.

처음 일주일 동안은 오리엔테이션으로 시간을 보내고 난 후 정식으로 수업에 들어가기 시작하였다. 9월 초였다. 기숙사 4층에 독방을 쓰게 되었다. 식사는 학교 구내식당을 이용하고, 옷 세탁은 학교 구내에 있는 자동 세탁기를 이용했다.

그 당시 하버드 법과 대학원Harvard Law School에는 한국 학생이 나와 강구진 박사(서울대학교 법과대학 형법학 교수로 재직하다가 교통사고로 사망), 김&장법률사무소를 설립한 김영무 변호사 등 셋이 있었다. 김 박사는 이 대학의 3년 정규 과정 2년차였고, 강 박사는 대학원에서 박사 과정을 밟고 있었다. 나는 이 대학의 국제 조세 과정International Tax Program, ITP에 연수를 하고 있었다.

강 박사는 가족과 더불어 아파트에 살고 있었고, 김 박사는 나와 같은 기숙사Ames Hall 독방을 쓰고 있어 실수를 할 때마다 김 박사 신세를 졌다. 한 번은 이른 새벽에 소변을 보러 나갔다 방문이 안으로 자동적으로 잠겨 당황해 1층으로 내려가 잠자고 있는 김 박사를 깨워 도움을 요청해 학교 캠퍼스 경찰에 연락하여 문을 열어 준 적이 있었다.

김 박사 말이 앞으로도 이런 일이 가끔 있을 수 있으니 열쇠를 하나 더 만들어 우편함에 몰래 넣어 두라는 것이었다. 정식 수업에 들어가기 며칠 전 ITP 과정 학생(30명 내지 40명)을 상대로 경제학과 회계학 과목에 대한 사전 테스트가 있었다. 이 시험에 합격을 하면 이 두 과목은 강의를 듣지 않아도 된다는 것이었다.

이 과정의 학생들은 주로 외국인 중견 공직자, 대학 교수, 조세 전문가 등이었으나 이 대학 정규 과정 학생도 있었다. 나는 요행히 두 과목 모두 합격을 하여 강의를 듣지 않아도 되었으나 경제학 강의는 듣기로 하고 회계학은 듣지 않았다. 이 두 과목의 강의는 합격자의 경우 의무 사항이 아니기 때문에 나중에 시험을 볼 필요가 없었다. 지금 생각하면 당시 오만스럽게 경제학 강의도 성실하게 참석하지 않고, 회계학은 아예 듣지도 않았던 것을 나중에 매우 후회하게 되었다.

ITP 과정은 주로 조세와 재정 정책 이론, 개발도상국의 조세정책 사례, 미국 세법 내용과 법원의 판결 사례, 조세 행정 이론과 구체적인 외국 사례들로, 나로서는 대부분 새로운 내용이고 흥미로운 이론과 구체적인 사례 내용이었다. 젊은 시절 대학 경제과 4년 동안 내가 배웠던 학문이 무색할 정도로 많은 새로운 지식을 접하게 되었다.

매일 새로운 과제로 숙제를 주었고, 영어로 된 전문 서적을 최소한 100p~150p는 읽어야 다음날 강의 내용을 따라 잡을 수가 있었다. 거의 매일 5시경 저녁 식사를 끝내고 늦은 밤 새벽 1시 내지 2시까지 책을 보아야 하는 상황이 한두 달 정도 지나자 드디어 정신적인 스트레스로 불면증에 시달리게 되었다.

만일 교수가 주는 과제를 소홀히 했다가는 그 다음날 교수의 난데없는 질문에 당황할 수밖에 없고 한국 학생의 명예가 땅에 떨어지는 것이 두려웠기 때문이라고 본다. 영어라도 잘 구사할 줄 알면 위기를 모면할 수도 있겠으나 서툰 영어에 내용마저 파악이 안 되는 경우 심적으로 받는 스트레스는 이루 말할 수가 없었다.

나중에 안 사실이지만 일본에서 온 학생은 일본 대장성 관리로 일선 세무서장을 하다가 1년간 미국 유학 준비를 하고, 그 기간에 미국 세법을 사전에 충분히 공부하고 왔다는 것이었다. 수업 시간에 일본에서 온 학생은 나보다 나이가 좀 위였는데 미국 세법에 관련해서는 모르는 것이 없을 정도로 서툰 영어로 정확한 답을 말하게 되면 교수는 만족스런 표정을 보였다.

일본 도쿄 대학 법학부 출신의 그 학생은 그 후 나와 가깝게 지내게 되었으나 무언가 말할 수 없는 콤플렉스를 지울 수가 없었다. 역시 일본은 공무원의 해외 연수 계획도 이렇게 치밀하게 추진하고, 우리보다도 월등히 앞서 있다는 국가적 열등감 때문이었으리라고 본다.

아무튼 유학 초기에 이 같은 상황에 따른 불면증으로 고생을 하고 있던 중 보스턴에서 일하는 한국인을 만나 사정을 이야기하자 자기가 약을 구해 주겠다고 하여 나에게 구해 준 약이 지금도 기억하고 있는 '바리움' 이라는 신경안정제였다. 의사의 처방 없이는 구할 수 없는 귀한 약이었다.

처음 복용해 보는 신경안정제 때문인지 숙면도 잘되고 숙면 중 하늘을 나는 기분을 느꼈다. 마약을 복용하면 이런 기분일까 할 정도로 효과가 좋았고, 이 약 때문에 불면증이 서서히 없어졌다. 물론 학업에 점차 적응되어 가는 과정이기도 했기 때문이었을 것이다. 이런 과정을 거쳐 한 6개월 동안은 강의 내용이 귀에 잘 들어오지도 않았고, 정신없이 세월이 흘러갔다.

02

하버드 법과 대학원에서
배운 것들

6개월 정도 지난 다음은 점차 미국 유학 생활에 적응이 되어 가고 강의 시간에도 홍미를 가지고 교수에게 질문도 해 보고, ITP 과정과 관계 없는 강의실에도 시간이 나면 참석하여 새로운 지식을 배우려고 노력을 했다.

한번은 MIT 경제학 교수로 있는 사무엘슨 교수의 강의를 들으러 학생 몇 명이 MIT를 방문한 적이 있다. 내가 대학 1학년 때 경제원론 강의로 사무엘슨 교수의 경제학 원론의 한국 번역본(당시 박희범 교수 번역, 강의)으로 박희범 교수로부터 강의를 들었기 때문에 사무엘슨 교수와 그의 강의를 직접 보고, 듣고 싶었다.

그 유명한 사무엘슨 교수를 직접 만나 보는 것만으로도 큰 영광이 아닐 수 없었다. 나의 대학 시절에는 사무엘슨 교수의 경제학 원론서(영문판)는 경제 학도의 필수 경제 서적이었다. 강의 내용은 수리경제학數理經濟學이었다. 솔직히 말해 강의 내용이 수학으로 경제 문제를 풀어 나가는 내용인데 고등수학이라 내용을 거의 알아들을 수가 없었다.

강의가 끝난 후 교수실로 사무엘슨 교수를 만나러 갔다. 하버드 법과 대학원Harvard Law School에서 공부하고 있는 외국 학생이라고 소개를 했더니 반갑게 만나 주었고, 밖으로 나와 기념사진까지 찍었다. 현대 경제학의 대가를 만났고 강의까지 직접 들었으나 어려운 수리 경제(나의 세대에는 배우지 못한 내용)라 무지의 소치로 알아듣지 못한 것이 무척 아쉬웠다.

재정 정책財政政策 시간에는 머스그레이브Richard Abel Musgrave(1910~2007.1.15) 교수가 직접 강의를 하고 올리버 올드만Oliver Oldman 교수가 옆에서 보충 설명을 하는 식으로 진행하였다. 머스그레이브 교수의 재정학 책도 내가 대학 시절 원서로 본 적이 있기 때문에 머스그레이브 교수의 명성에 대해서도 잘 알고 있었다. 당시 재정학 분야에서는 세계적인 석학이었다. 올드만 교수는 당시 하버드 법과 대학원 교수로 ITP 과정의 책임자Director였고, 우리들과는 가장 자주 만나는 교수였다.

내가 하버드를 떠난 후에도 올드만 교수가 한국을 방문할 때에는 가끔 만나곤 했다. 아직도 캠브리지의 하버드 대학에서 석좌교수로 활동하고 있다. 하버드 대학에서 보낸 1년 간은 정말 공부에만 열중한, 나에게는 귀중한 시간이었다.

대학 때 배운 조세 개론은 그야말로 개론에 불과하였다. 조세정책과 행정에 관한 학자들의 다양하고 자세한 현대적 이론과 실제 외국의 성공과 실패 사례, 이를테면 그 당시에는 유럽 여러 나라에서만 시행되고 있던 부가가치세Tax on Value added의 이론과 실제, 그리고 앞으로의 전망, 부유세net wealth Tax의 실패 사례 등등 여러 가지 이론과 각국의 다양한 실제 사례를 중심으로 강의를 이끌어 나갔다.

강의 진행 방법도 한국의 일방적인 대학 강의식과는 너무나 달랐다. 여기서는 학생들의 창의력을 유도하고 학생과 교수 간의 토의를 통하여 있을 수 있는 모든 가능성을 도출해 보이는 식으로 진행했다. 이 때문에 모든 과목에 걸쳐 예습을 철저히 하지 않으면 강의 내용을 따라 잡을 수가 없었다. 교수도 사전에 예습할 내용을 구체적으로 적시하여 무슨 책 몇 페이지에서 몇 페이지까지 읽고 다음 질문 사항에 대한 각자의 의견을 미리 준비해 오라는 식이었다.

학기 중 시험을 몇 번 치렀는데, 시험 방식도 가령 어느 가상의 국가를 내세워 정치, 경제, 사회, 문화적 배경과 여건을 설명하고, 이 나라에 적합한 조세제도를 세워 보라는 식이었다. 따라서 시험 때는 어떤 참고서를 보아도 괜찮고, 감독하는 선생도 없이 제한된 시간(주로 3시간 정도) 내에 답안을 써내면 되었다.

과정을 다 마치고 그 다음해(1969년) 6월에 연구 논문을 제출하게 되어 있었다. 우리나라 같으면 학위 논문에 버금갈 정도로 격식을 갖춘 창의적인 논문을 제출해야만 졸업장을 받을 수 있었다. 학기 후반에 들어가면 미리 논문 쓸 준비를 해야만 했다. 자료도 모으고 논문 체계도 미리 세워 놓고 시간 나는 대로 내 의견과 나름대로의 의견을 또박또박 준비해 두어야만 했다.

나는 마지막에 정리해 둔 졸업 논문을 올드만Oldman 교수의 여비서에게 수고료를 주고 타자를 해 달라고 부탁했더니 기꺼이 응해 주었다. 부자연스러운 표현이나 문법에 맞지 않는 표현과 자구 수정 등 아주 깨끗하게 정리해 주었다.

나중에 논문 심사는 학생 한 사람씩 올드만Oldman 교수가 직접 면담하여 질문도 하면서 심사를 하였다. 나는 논문 제목이 「한국에서의 완전한 종합소득세 제도 도입 방안」으로 당시 한국의 소득세 체계는 분류 과세 제도로서 과세 공평상 우리도 언젠가는 종합과세 제도로 바꾸어야 한다고 생각을 하고, 그 경우에 어떻게 우리나라 실정에 맞게 새로운 소득세 제도를 도입할 것인가에 대한 나의 의견이었다.

올드만Oldman 교수는 내용도 괜찮지만 영어 논문 표현이 아주 훌륭하다고 칭찬했다. 물론 그 여비서 덕분이기도 하지만.

하버드 대학 생활은 많은 새로운 지식을 습득하기도 했다. 또한 여러 나라에서 온 외국 학생들과 친교를 이루고, 이를 통해 새로운 문화와 새로운 세계를 배우고 이해하는 기회를 가졌다는 데도 큰 의미가 있었다고 본다. 그야말로 우물 안 개구리가 넓고 밝은, 그리고 신기한 새로운 세상을 보게 되는 경우였다고 본다.

처음 캠브리지에 도착했을 때 학교 근처 식당에서 우유를 주문했더니 찬 우유를 가져왔다. 한국에서는 당시 일반적으로 우유를 따뜻하게 데워서 설탕을 타서 마시는 경우가 많았다. 내가 설탕을 달라고 하니 우유에 왜 설탕을 타느냐고 반문했다. 그 이후 무설탕으로 찬 우유를 자주 마신 덕에 나의 위장 기능은 좋아졌다.

하버드 대학 기숙사 생활은 나의 인생의 처음이고 마지막 경험이었다. 한국을 떠날 때 스물아홉 살의 나이로 결혼한 지 겨우 2년이 채 안 되는 때였고, 첫딸(혜영)이 백일이 되는 날 한국을 떠났다. 신혼 초와 거의 다름없는 즐거운 신혼 생활, 사랑스런 가족을 남겨 놓고 이역만리에서 거의 골방 같은 곳에서 매일 책과 씨름을 하였다. 한편 입에 맞지도 않는 음식, 그것도 밤 12시가 넘으면 배가 고파 나의 요리 실력으로 겨우 라면(당시 일본 라면밖에 없었음) 하나를 끓이고 계란을 삶아 매일 저녁 간식으로 때웠다.

통조림 김치가 있어 하나를 따면 반만 먹고 반은 다음날 먹도록 했는데, 방에 냉장고가 없어 창 바깥에 놓아두었더니 아침에 청소하는 미국 아줌마가 고약한 김치 냄새를 맡고 매번 내버렸다. 또 한번은 방에 휴지가 필요해서 두루마리 화장실용 휴지를 사 두었는데 몇 번 없어져 버렸다.

이상해서 다음날 청소하는 아줌마에게 방에 두루마리 휴지 못 보았느냐고 물었더니 화장실용 휴지를 왜 방에 두었느냐고 되물으면서 화장실에 갔다 두었다고 했다. 당시 한국에서도 〈크리넥스〉라는 것이 있었으나 주로 회색의 재생용 두루마리 화장지를 방에 두고 사용했고, 나의 경우 방에서 쓰는 〈크리넥스〉라는 것은 알지도 못했다.

바로 옆방에는 미국 학생이 있었는데 인사를 나누고 한국에서 왔노라고 했더니, 한국이 세계지도에서 어디에 있는 나라냐고 물어 처음에는 당황했으나 자세하게 설명을 해주었다. 그랬더니 한국이라는 나라의 이름은 모르면서 "아! 승만 리(이승만 대통령)의 나라가 아니냐."고 하면서 반가워하고, 자기는 승만 리의 철학 박사 학위 논문을 높게 평가한다는 말까지 하였다.

그 당시 한국에서는 독재자로 평가 받고 있던 이승만 대통령을 미국 학생이 이렇게 훌륭한 분으로 평가하고 있다는 사실에 놀라움과 동시에 우리들이 이렇게 무지몽매無知蒙昧한 백성들인가 하는 부끄러운 감정을 감출 수가 없었다.

당시에는 결혼한 한국 유학생의 경우 요사이 같이 가족 모두 같이 오지를 못하고 혼자 미국에 와서 공부를 하는 경우가 대부분이었다. 나도 집사람과 백일 된 첫딸을 두고 미국에 와서 공부도 힘들었지만 가끔 혼자만의 외로움은 이루 말할 수가 없었다. 결혼 전에는 어머님이 모든 뒷바라지를 다 해 주셨고 결혼 후에는 집사람이 모든 것을 다 챙겨 주었기 때문에 가족의 고마움을 느끼지 못했었다. 그런데 이렇게 먼 타국에 와서 음식, 옷 세탁, 생활비까지 모든 것을 내가 해결해야 하는 경험을 하게 되니 가족의 소중함을 새삼 깨닫게 되었다.

매일 바쁜 강의 시간 중에도 꼭 한번은 대학 사무실에 들러 한국에서 집사람이 보낸 편지가 없는지 둘러보곤 했다. 그 당시에도 국제전화가 가능했지만 기숙사 방에는 전화가 없을 뿐더러 기숙사 각 층마다 공중전화가 한 대 있긴 하나 국제전화를 하기가 불편하고 또 전화요금도 비쌌다. 그래서 한국에 있는 가족 소식은 오로지 집사람과의 편지 왕래로 이루어지고 있었다. 그런데 편지 받는 즐거움이 이렇게 큰 줄은 미처 몰랐다.

한번은 집사람으로부터 딸 이름이 내가 떠나올 때 '서윤혜'였는데 '서혜영'으로 바꾸었다는 소식이 왔다. 내용인 즉 '서윤혜'의 이름은 할아버지가 지어 주셨는데 집사람이 작명가한테 가서 물어 보니 이름이 좋지 않다고 하여 새로 '서혜영'으로 바꾸었다는 것이다. 그리고 바로 딸 이름으로 답장을 보냈는데 편지 수신인을 '서혜영'이라고 써야 할 것을 '윤혜영'이라고 적어 보냈다. 집사람 성이 윤 씨고 딸의 처음 이름이 '윤혜'이고 바뀐 이름이 '혜영'이라 나도 모르게 졸지에 '윤혜영'으로 써 버린 것이다.

당시에는 전혀 모르고 지내다가 귀국한 후에 집사람이 그 편지를 보이면서, "당신이 정말 제정신이 아니었던 모양이지요?" 하면서 그걸 보여주자 한바탕 웃음바다가 된 적이 있다. 아버지가 '윤혜영'이라고 적어 보낸 그 딸이 이제는 불혹의 나이가 되어 우리나라 미술계의 중견 작가가 되어 있으니 세월이 무상하다는 것을 새삼 느껴 본다.

바쁜 시간 중에도 주말에는 가끔 즐거운 일들이 있었다. 한 가지는 학교 측에서 외국 학생들을 위한 미국 가정방문 계획이 몇 번 있었다. 한번은 버스 한 대로 외국 학생 여러 명이 뉴햄프셔 지역에 사는 미국 가정을 방문하는 기회가 있었다.

나는 초로의 부부가 사는 집에서 하루를 지냈는데, 그 다음날 오전 10시가 지나서 아침 식사를 했다. 나로서는 배가 고팠으나 그날은 일요일이라 미국 사람들은 느긋하게 늦잠을 자고 아침 겸 점심, 소위 브런치Brunch로 아침 식사를 했다. 그리고 12시가 다 되어 버스를 타고 모두 캠브리지로 출발하였다.

그런데 돌아오는 도중에 엄청난 폭설을 만났다. 주먹만 한 눈이 퍼붓기 시작했는데 삽시간에 고속도로가 막혀 버려 승용차는 말할 것도 없고, 우리가 타고 있던 버스도 폭설 속에 꼼짝없이 서 있을 수밖에 없었다. 이때 기사가 제일 먼저 조치한 것은 차의 히터를 제일 낮은 수준으로 낮추어 연료를 절약했다.

우리는 아침 식사도 간단하게 한데다 점심도 먹지를 못하여 배도 고프고, 시간이 갈수록 추위는 엄습해 오고 있었다. 그래도 어른들은 참고 견딜 수 있었으나 같이 따라온 어린아이들은 추위와 배고픔을 견디지 못하고 아우성을 쳤다. 나로서는 그 같은 폭설과 재난 사고는 처음 겪어 보았으나 군대 장교 훈련 생활에서 익힌 위기 대처 능력을 발휘하여 같이 간 젊은 학생들과 더불어 사고 대처에 적극 나섰다.

우선 아녀자 보호 차원에서 신속하게 재난 사고를 알렸으나 그 다음날 오전이 되어서야 헬리콥터가 날아왔다. 그러자 사태는 어느 정도 해결이 되었다. 그전에 아침 이른 시간에 눈이 그친 다음 키만큼 쌓인 눈 속을 파헤치며 10여 리 정도 떨어진 가까운 마을까지 먹을 것을 구하러 나섰다. 마을에 도착하니 조그마한 핫도그 음식점이 있었는데, 그 근처에서 조난당한 사람들이 몰려오는 바람에 조그마한 음식점이 북새통을 이루었고, 그야말로 무법천지였다.

그때 느낀 나의 심정은, "아! 미국 사람들도 긴급 상황이 되니 별수 없구나. 법과 질서도 배부르고 평화로울 때만 유지될 수 있겠구나." 하는 것이었다. 나는 거구의 미국인들에게 밀려 맨 나중에 먹을 것을 겨우 마련하여 버스로 되돌아 왔다. 약육강식은 동물의 세계뿐만 아니라 인간에게도 일어나고 있지 않은가, 그 형태가 다르다 뿐이지 본성은 비슷하지 않은가?

하버드 학생들과 나의 대학 시절을 비교해 보면, 공부도 남달리 열심히 했지만 노는 일도 우리와는 달랐다. 처음 해 본 기숙사 생활은 잠자는 공간이기도 했지만, 공부하는 장소의 연장이었다. 물론 하버드 대학의 도서관 시설은 잘 되어 있었지만 대부분 기숙사 방에서 공부에 열중하는 일이 많았다.

대개 새벽 2시가 되어야 기숙사 방의 등불이 하나둘 꺼지기 시작했다. 기숙사 분위기도 조용했다. 그러나 금요일 저녁 주말이 되면 분위기가 완전히 달라졌다. 기숙사에서 가까운 식당 지하 넓은 공간에서 학생들의 소위 믹스mixer라고 부르는 댄스파티가 요란스럽게 열렸다. 주중에는 열심히 공부하고 주말에는 스트레스를 확 푸는 행사를 늘 마련했다.

나는 같은 과정에 있는 외국 친구들에 이끌려 두어 번 가본 일이 있는데, 당시 미국에서도 고고 춤이 한창 유행하던 때라 학생들은 파트너와 함께 주로 고고 춤을 추거나 서로 어울려 춤을 추었다. 이 댄스파티의 특징을 보면 행사 준비는 모두 학생들이 하고 밴드도 학생들로 구성되어 있었다. 술은 팔지도 못하고, 이곳에서는 절대 못 마시도록 되어 있어 고작 음료수로 목을 축이기 때문에 밴드와 음악 소리만 요란했지 술 때문에 흔히 일어나는 소동, 난동 등은 전혀 없었다. 모두 질서 정연하게 댄스파티를 즐기고 있었다. 나는 이 장소에서도 미국 학생들의 학교생활과 한국 학생들의 생활을 비교해 볼 수 있었다.

하버드 법과 대학원 유학 생활은 내 공직생활의 미래를 밝게 이끌어 준 큰 계기가 되었다고 본다. 재정과 조세에 관한 새로운 지식을 재충전하는 기회도 되었고 미국이라는 선진사회의 문물을 몸에 익히는 기회가 되어 그 후 미국을 위시한 외국과의 이중과세방지협정 체결 등 조세 관련 국제회의를 새롭게 주도하는 일에 참여하는 계기가 된 것은 물론이고, 옛 재무부 세제국의 경제개발을 지원하는 조세정책의 방향과 기본 내용을 마련하는 데 결정적인 역할을 하게 되었다.

다만 유학 기간이 1년이라 짧기도 했지만, 아쉽게 생각되는 점은 영어 공부를 좀더 익숙하고 수준 높게 하였더라면 좋았을 것을 하는 생각을 해 본다. 강의 시간, 독서에만 너무 집중한 나머지 일반 생활 영어에는 신경을 쓸 겨를이 없었다고 본다. 또 한 가지는 미국 문화와 역사를 알기 위한 여행을 제대로 하지 못한 것이 지금도 못내 아쉽다. 공직생활을 하면서 후배들이 미국 유학을 간다고 하면 항상 하는 말이 전문 지식 습득도 중요하지만 영어 공부와 여행을 많이 하고 돌아오라고 하였다.

3장

공직생활을 뒤돌아보며

• • •

조세는 개인이나 기업의 경제 활동에 어떤 영향을 미칠 것인가? 또 조세는 이들에게 어떤 역할을 할 수 있을 것인가? 조세 수입을 어느 정도 어떻게 거둬들이고, 나라의 발전과 국민의 생활 향상을 위하여 한 푼의 낭비 없이 어떻게 가치 있게 사용할 것인가 하는 문제는 국가 최고 지도자의 국정 운영 철학의 중요한 부분이 되어야 한다고 생각한다. 나는 박정희, 전두환, 노태우 등 세 분의 대통령을 가까이서 또는 멀리서 지켜보면서 공직 생활을 해 왔다.

추경석 후임 국세청장 이하 6개 지방 청장과 본청 전직원들의 환송을 받으며 3년10개월여 동안 정들었던 국세청을 떠나다(1991년 12월 20일).

01
공직생활을 그만둔 후

공직생활을 마치고 공직자 아닌 일반 민간인의 한 사람으로서 또 정부가 하는 일을 지켜보는 국민의 한 사람으로서 그 동안 느껴 보고 또, "나는 어떻게 했나?"를 성찰해 본 몇 가지 사항을 이야기해 보겠다.

첫째는 정책 수립과 집행 과정에서 과연 국민과 이해 당사자들을 이해시키고 설득하기 위하여 충분한 대화와 의사소통을 위하여 최선을 다하였는가. 이 질문에는 부족했다는 점을 솔직히 시인하지 않을 수 없다. 나는 1993년 3월 공직을 마치고, 그 해 6월에 다시 미국 하버드 법과 대학원에 객원 연구원으로 초청받아 8개월 정도 머문 적이 있다.

당시 미국 정부는 북미자유무역협정NAFTA 체결을 위하여 국민과 의회를 상대로 심혈을 기울이고 있었다. 최근 우리나라 FTA 체결 상황과 비교해 보면 된다. 그런데 나에게 극히 인상적이었던 것은 당시 클린턴 대통령과 고어 부통령이 보여준 NAFTA를 의회에서 통과시키기 위한 노력과 접근 방법이었다.

텔레비전(특히 C-Span이란 채널을 통하여)이나 신문을 보면 거의 매일 클린턴 대통령이 직접 국민을 상대로 하거나 특정 집단(대학 경제학 교수 모임도 포함)을 상대로 NAFTA의 필요성, 즉 이것을 체결하면 미국은 어떤 산업이 어떤 혜택과 이익을 얻게 되고, 고용이 얼마나 창출되고, 무역 규모는 얼마나 늘게 된다는 등 아주 구체적인 근거와 수치가 들어 있는 관련 자료를 가지고 열정적으로 국민을 이해시키고 설득시키려는 장면과 내용을 보았다.

우리 같으면 중앙부서의 국장이나 과장이 할 이야기를 대통령, 부통령이 직접 설득력 있게 하고 있었다. 초기에는 언론도 중립을 지키고 있었고, 의회에서는 대통령이 소속되어 있는 민주당의 일부 의원들조차도 지역구 사정을 고려하여 반대 입장을 펴고 있었다. 이렇게 정부가 국민을 상대로 하여 이해하게 하고 설득하는 노력으로 드디어 처음으로 《뉴욕 타임스》가 정부의 입장을 지지하는 기사를 쓰기 시작했다.

그리고 국민들이나 의회에서도 NAFTA의 필요성에 대하여 점차 긍정적인 입장을 보이기 시작했다. 당시 나는 우리 정부의 정책 결정 과정과 집행은 어떤가 하는 반성을 해보고 어떤 형식으로든 국민을 우선 이해시키는 일이 얼마나 중요한가를 새삼 깨닫게 되었다.

우리나라의 경우 과거 부가가치세의 도입, 토지초과이득세의 신설, 최근의 종합부동산세 제도의 시행 등 새로운 세금을 신설한 경우 국민 모두에게, 특히 새로운 조세제도로 새로운 조세 부담을 크게 지게 되는 납세자 계층에 대해서 새로운 세금의 정책적인 타당성과 합리성, 그리고 공평성 등에 대하여 소상하게 설명해 주고 이해시키는 과정을 거쳤는지 한번 되돌아본다.

조세정책도 국가 발전을 위한 선택의 문제라고는 하나 조세는 조세의 기본 원칙이 있기 때문에 이 원칙에 크게 벗어나 지나치게 정치적인 목적으로 이용이 되는 경우에는 국민의 일부 계층이라 하더라도 이해와 설득을 얻기 어려울 것이다. 이 경우 새로운 조세의 수명은 오래가지 못할 것으로 본다.

과거 부가가치세 제도의 도입 과정은 대단히 신중했고, 민주적이고 합리적인 절차에 따라 결정되었다고 보나 국민을 상대로 한 이해를 구하거나 홍보하는 과정은 미흡한 점이 많았다고 생각한다. 대다수 납세자의 눈높이와 이해 수준에 맞추어 설명하고 홍보하지 못한 것이 아쉬웠다고 생각된다.

토초세와 종합부동산세는 앞서 이야기한 대로 조세의 기본 원칙에서 벗어나 조세 이외의 목적으로 이용하고자 했기 때문에 전자는 결국 폐지되고, 후자는 아직도 보이지 않는 조세 저항, 경제적인 부작용을 불러일으키고 있다.

둘째는 조세 행정 방침이 정부가 발표한 대로 국민의 밑바닥까지 제대로 침투가 되고, 납세자들이 조세 당국의 발표 내용을 피부로 느낄 수 있게 집행했는지에 대하여 지금도 많은 반성을 하고 있다. 좀더 철저하게 밑바닥까지 집행 실태를 점검했어야 옳았다고 본다. 납세자들이 진실로 무엇을 원하고 있는지를 파악하는 것도 중요하지만, 그 뜻이 현실적으로 이루어지고 있는지 여부가 더 중요하다고 본다.

윗사람의 말과 아랫사람의 언행 또는 집행 현실이 다르다면 행정 개선은 쇠귀에 경 읽는 격이 되고 만다. 나는 공직을 떠나고 난 후 이점에 대해서 많은 아쉬움이 있었다. 왜 좀더 납세자와 직접 대화하고 세무조사 현장을 철저하게 살피지 않았나 하는 반성을 해 본다. 적법 세정, 따뜻한 세정 등 그 동안의 많은 세정 방침들이 실제 집행을 맡고 있는 현장 직원, 일선 직원들의 의식 속에 자리를 잡게 될 때 진정한 세정 개선이 이루어지고 선진국형 행정이 이루어질 것이라는 반성을 해 본다.

셋째로 대통령의 국정 철학과 정책 의지, 정부의 모든 정책을 추진하고 이끌어 갈 기관차 역할은 미우나 고우나 공직자 집단이다. 지난 수년 동안 정권이 바뀔 때마다 공직자에 대한 질책이 뒤따랐고 공직 사회에 대한 지나친 비판과 불신으로 공직 사회의 기강과 일에 대한 열정, 보람이 기가 꺾인 듯한 분위기가 되어 가고 있다.

물론 공직 사회의 부정적인 측면도 있기는 하나 그 문제는 조용히 처리해 나가도록 하고, 오히려 긍정적인 측면과 한국의 미래 발전에 동량적棟樑的인 역할을 확대 조명하여 공직자들이 공직에 대한 자부심과 긍지를 갖도록 해 주는 것이 매우 중요하고 그것은 국정 지도자들의 몫이라고 본다.

한번은 정부 교육 기관에 특강을 하러 간 적이 있었다. 그런데 나의 공직생활 중 공직을 심각하게 그만두고 싶었던 적이 있는지, 또 어떻게 그 상황을 극복할 수 있었는지 한번 이야기해 주면 좋겠다는 것이었다.

나는 옛 재무부 세제국 직세과장 시절 일이 너무나 힘이 들어 공직을 그만두고 싶은 생각을 몇 번 한 적이 있었다. 그 당시 세제 개혁 작업으로 거의 매일 야근을 하고 집에 들어가면서 내가 이런 생활을 계속해야 하나 하는 회의감에 빠진 일이 여러 번 있었다.

그러나 힘들고 일에 지칠 때마다 상사 한 분이 항상 곁에서 따뜻한 위로와 격려를 해 주었고, 공직자의 사명감이 무엇인지를 일깨워 주었다. 그리고 그때는 열심히 일하면 반드시 보답해 주는 공정한 인사가 있었다. 아마 어려운 고비마다 당시 공직 사회의 이 같은 분위기가 없었다면 벌써 그만두었을 것이다.

공직자들은 기본적으로 자기가 하는 일에 대한 보람과 명예가 있어야 희생과 봉사 정신으로 국민에게 다가서게 된다. 이 같은 분위기를 만들어 주는 일이 얼마나 중요하다는 것을 국정을 맡고 있는 책임자들이 깊이 깨닫고 있어야 한다고 생각된다. 국민을 위하여 나라를 위하여 자기 한 몸 희생하면서 봉사하고자 하는 우수한 인재들이 정부에 많이 모여드는 그런 공직 사회가 되었으면 한다. 너무나 시대에 뒤떨어진 고루한 나만의 생각일까?

02

국세 행정에 대한 초심

— 국세청장 취임사(1988년 3월 5일) 세종로 국세청 대강당

사공일 당시 재무부 장관으로부터 국세청장 내정 통보를 받고 나로서는 막중한 책임감과 부담감을 느꼈다. 그 이유는 재무부 차관보 자리에서 국세청장이라는 막강한 자리로 승진한다는 것과 그 동안 국세청장 자리는 군 출신으로서 권력의 핵심에 있는 사람만이 갈 수 있는 자리로만 생각했기 때문에 나 같은 정상적인 직업 관료 출신이 그 자리에 간다는 것 자체가 파격적이 아닐 수 없었다.

내 생각뿐만 아니라 관료 조직에서나 국민들이 보기에 그랬을 것

이다. 둘째는 나는 공직생활의 거의 대부분을 조세 분야에서 일했기 때문에(국세청, 세제실, 국세심판소) 조세 전문가가 처음으로 국세 행정을 맡아 군 출신 청장보다 뭔가 다른 모습을 보여주어야 할 것이 아닌가 하는 부담감이 앞섰다.

그래서 며칠 동안 곰곰이 생각했다. 앞으로 국세청을 어떻게 이끌어 갈 것인가, 무엇에 역점을 둘 것인가, 당시 경제, 사회 상황에 비추어 국세청이 어떤 역할을 해야 할 것인가, 장기적으로 또는 단기적으로 어떤 과제를 어떤 메시지massage를 국민에게, 그리고 국세청 직원들에게 전달할 것인가. 나는 국세청 일선에서도 일을 해 보았고(세무서 과장, 지방 청장을 역임. 일선 서장 경험은 없음), 조세 정책 수립과 세법 제정·개정에도 오랫동안 일을 했고, 또 국세심판소장으로 납세자 권리 구제 업무에도 관여했다.

그리고 국회 재무회 전문위원으로 국회의원들로부터 많은 세금 민원 사항을 듣고 처리해 주기도 했다. 또 사무관 시절(1968~1969) 1년 동안 미국 하버드 법과 대학원Harvard Law School(ITP 과정)에서 조세정책과 행정에 관해서 1년여 동안 집중적으로 이론과 현장 실무 교육을 받기도 했다.

나의 경력, 이력으로 보면 조세 문제에 관한 한 더 이상 이론과 경험을 함께 갖춘 사람을 찾기 힘들 정도로 고루고루 경험했다고 볼 수 있다. 이 점이 오히려 더 부담스럽기도 했지만, 나는 이 모든 경험을 충분히 되새겨 그 동안 내가 평소에 품고 있던 신념과 생각들을 연결시켜 몇 가지 메시지massage를 정리하기로 했다.

첫째로 하고 싶은 말은 '공정公正한 과세'였다. 당연한 말이지만 나의 뜻은 달랐다. 나는 평소 이렇게 생각을 하고 있었다. "세법 질서가 무너지기 시작하면 모든 사회 법 질서도 서서히 붕괴된다." 사회의 공정한 경쟁 질서를 깨뜨리는 주범은 탈법 행위, 그 중에서도 탈세 행위다. 공정의 의미는 두 가지로 생각했다. 첫째는 부당한 과세, 억울한 과세는 없도록 해야겠다. 둘째는 탈법 행위(세법 위반 행위), 탈세 행위는 엄격하게 다스리겠다.

둘째로 하고 싶은 말은 '적법 세정'을 펴 보겠다는 것이다. 이 말은 세정의 민주화와도 통하는 말이 된다. 세무 공무원이 무서운 것이 아니라 세법이 무섭다는 인식을 심어 주어야겠다는 생각이었다. 근대경제학의 비조 알프레드 마샬Alfred Marshall의 'cool head, warm heart'란 말을 인용했다. 납세자에게는 항상 따뜻하고 친절한 마음과 자세로 대하되 과세할 때는 냉철한 머리와 의지로 엄격하게 법을 집행해 달라, 또 신의에 쫓아 성실하게 하여야 한다는 신의 성실의 원칙(신의칙)은 납세자에게만 요구하지 말고 세무 공무원 자신부터 실천에 옮겨야 한다.

세무 공무원은 납세자에게 정당하게 신의에 쫓아 성실하게 법을 집행하여야 한다. 납세자가 세법의 내용을 잘 몰라 법을 어긴 경우 납세자에게만 책임이 있는 것이 아니고, 제대로 지도, 안내하지 못한 세무 공무원에게도 책임이 있다는 것을 항상 명심하고 법을 집행하여야 한다. 신의칙에 어긋나는 행위로 납세자에게 불편과 불이익을 주지 않도록 노력해 달라. 토머스 제퍼슨이 "법을 제정하는 일은 어렵다. 그러나 법을 집행하는 일은 더욱 어렵다."고 한 말이 생각났다. 그래서 세법은 쉽게 집행해서는 안 된다. 어렵게 집행해야 한다고 생각했다.

셋째로 생각한 것은 세정 기술을 선진화로 개혁해야겠다는 것이다. 업무를 전산화, 자동화해야겠다는 생각, 컴퓨터Computer 시대에 대비하여 국세청 업무도 전산화해서 인력도 절감하고, 무엇보다도 세정의 능률화, 효율화를 꾀하겠다는 생각이었다. 절감된 인력은 납세자 지도에 사용하겠다는 생각이었다.

넷째로 세정도 경제의 개방, 국제화에 대비해야겠다는 것이었다. 개방에 대비하여 우리나라에 진출한 외국 기업, 외국인의 경제활동을 세정 면에서 원활하게 지원하고 효율적으로 과세하겠다는 생각, 그리고 우리 기업의 해외 진출을 세정 면에서 지원해 주어야겠다는 생각을 했다.

나는 마지막으로 꼭 하고 싶은 말이 있었다. 강당에 가득 매운 간부, 직원들에게 희망과 일에 대한 열정을 불어넣고 싶었고 청장으로 취임하면서 나의 굳은 신념과 소신을 이 기회에 꼭 전달하고 싶은 말은, "앞으로도 여러분들 가운데 계속 국세청장이 나오도록 나는 분골쇄신 최선을 다할 것이다. 그리고 여러 분들도 협조해 달라.

나는 이 자리가 나의 마지막 공직생활로 생각하고 나라와 국민, 그리고 여러분들을 위해 최선의 노력을 다할 것이다."였다.

이 대목에서 직원들로부터 우렁찬 박수 소리가 나왔고(나는 생각지도 못한 장면), 나는 그때 그 순간을 영원히 잊을 수 없다. 이것이 국세청 직원들의 염원이구나, 앞으로 희생적 각오로 이 사람들의 염원이 달성되도록 최선을 다해야 되겠다고 내 마음속으로 몇 번이고 다짐했다.

보통 취임식에는, 특히 국세청장 취임식은 어느 취임식보다 엄숙하게 진행되는 게 상례다. 그러나 나의 취임식은 정말 이례적이었다. 취임사의 다른 어느 메시지massage보다 '여러분들 가운데 청장이 계속 나올 수 있도록 최선을 다하고 여러분도 도와 달라'는 말에 직원들이 상당히 감격했던 것으로 생각한다. 너무나 자연스럽게 박수가 나오고 직원들의 눈에는 희망의 눈빛이 보였다. 이날의 취임식 장면은 다음날 신문 기사에 이 마지막 메시지massage와 직원들의 반응만 부각이 되어 실렸다. 나로서도 정말 일생 영원히 잊을 수 없는 가슴 뭉클한 순간이었다.

오랜 세월이 지나 지금 와서 생각해 보면 조세 행정에 대한 나의 초심은 변함이 없다고 생각된다. 지금 취임사를 다시 하라 해도 달리 더 추가할 것이 없다고 본다. 다만 나의 초심이 어느 정도 성과를 달성했는지는 알 수 없으나 최소한 나 이후 후임 국세청장은 국세청 출신 전문가로 현재까지 이어오고 있다는 점에서 나와 국세청 직원들의 염원이 달성되었다고 여겨지고 있다.

다만 아쉬운 것은 내가 초심에서 밝힌 적법 세정의 메시지, 즉 세무 공무원이 무서운 것이 아니라 세법이 무섭다는 인식을 납세자에게 심어 주어야겠다는 것과 세무 공무원도 납세자에게 정당하게 신의에 쫓아 성실하게 세법을 집행하여야 한다는 신의성실의 원칙(신의칙)을 지켜야 한다는 생각을 좀더 실천에 옮기도록 노력하였더라면 하는 아쉬움이 있다.

'지금 알고 있는 것을 그때도 알았더라면' 하는 어느 책의 제목처럼 지금 와서 깨닫게 된 것을 그때도 알았더라면 좀더 훌륭한 세정을 펼 수 있었을 텐데 하는 후회가 인다.

03

대통령들의 조세 철학

조세는 개인이나 기업의 경제 활동에 어떤 영향을 미칠 것인가? 또 조세는 이들에게 어떤 역할을 할 수 있을 것인가? 조세 수입을 어느 정도 어떻게 거둬들이고, 나라의 발전과 국민의 생활 향상을 위하여 한 푼의 낭비 없이 어떻게 가치 있게 사용할 것인가 하는 문제는 국가 최고 지도자의 국정 운영 철학의 중요한 부분이 되어야 한다고 생각한다. 나는 박정희, 전두환, 노태우 등 세 분의 대통령을 가까이서 또는 멀리서 지켜보면서 공직 생활을 해 왔다.

앞장에서 몇 번 언급한 바 있으나 박정희 대통령은 경제개발 연대를 주도한 분으로 재정 수입의 중요성을 깊이 인식하고, 1960년 대 초기부터 조세 수입의 증대에 특별한 관심을 보였다. 1966년 3월 국세청을 발족시키고, 1967년 최초로 대대적인 세제 개혁을 단행하여 세수 증대에 박차를 가하였다.

그리고 1975년에는 종합소득세제를 확립하고, 자주 국방을 위한 방위세를 신설하였다. 이어서 1977년에는 부가가치세를 신설하였다. 이는 다른 정책 목적도 있었지만 주로 세수 증대와 경제사회 개발을 위한 각 부문의 투자 재원 조달에 역점을 두고 이 모든 조세 정책을 직접 진두지휘했다고도 할 수 있다. 조세 정책과 행정에 가장 큰 관심을 보였던 대통령으로 기억이 된다.

항상 국가의 장래와 미래를 내다보고 무엇이 중요한가, 무엇을 우선 순위로 해야 하느냐 하는 관점에서 조세 문제도 다루었다고 본다. 특히 부가가치세 제도의 도입이 대표적인 사례이다. 그러나 결코 조세 원칙에 크게 벗어나는 정책은 없었다고 생각한다. 결과적으로 국가 발전과 국민 모두에게 도움이 될 것으로 굳게 믿고 다소 부작용이 있더라도 일을 추진했던 대통령으로 기억이 된다.

재정 자립도가 80%를 넘어선 1970년대 후반부터는 조세 수입과 더불어 투자 촉진, 수출 지원을 위한 조세 정책에 역점을 두기 시작했고, 그때부터 조세 감면의 폭이 늘어나기 시작했다. 어떻든 박 대통령 시절에는 경제개발을 위하여 조세 정책을 합리적으로 운용했다고 본다.

우리나라 조세 제도의 기반은 이 시기에 다 이루어졌다고 해도 과언이 아니다. 조세 정책 철학을 역대 어느 대통령보다도 굳은 신념을 갖고 실천에 옮긴 분으로 생각된다. 나도 이 시기에 가장 힘들고 고된 공직생활을 했다고 본다.

그 후 전두환 대통령 시대인 1980년대에 들어와서는 공평 과세 또는 소득 재분배 등 조세의 사회 정책적 기능에 대한 문제가 제기되기 시작했고, 조세의 중립성을 회복해야 한다는 논의가 많이 제기되었다.

1980년 나는 다시 재무부로 돌아와 전 대통령의 조세 정책을 추진하는 실무 책임자 역할을 맡게 된다. 1981년도에 조세 감면을 대폭 축소 정비하여 여기에서 발생되는 세수 증가액으로 근로 소득자의 세 부담을 경감시키는 대대적인 세제 개혁을 하여 당시 경제의 안정 정책을 뒷받침하고, 조세의 소득 재분배 기능과 조세의 중립성을 회복하는 데 일익을 맡게 된다.

또한 전 대통령 시절은 국민개세주의國民皆稅主義에 따라 과세 대상 범위를 넓히는 최저한 세제(조세 감면을 받더라도 최소한도 내야 할 세금)를 도입하고 법인 세율과 소득 세율을 전반적으로 인하하였다. 또 한 가지 중요한 사항은 1985년 산업합리화 문제가 중요한 과제로 제기되어 산업 구조 조정에 관련된 여러 가지 세제상의 지원 조치를 강구하였다.

당시 경제기획원에서는 산업 구조 조정에 관한 특별 조치법을 제정하고자 하였다. 그러나 김만제 재무부 장관(나중에 경제부총리 역임)과 내(당시 재무부 차관보)가 특별 조치법을 제정하더라도 대부분 조세 지원 내용이 될 것인데, 그럴 바에는 새로운 법을 만들 필요 없이 이미 있는 조세감면규제법에 산업 구조 조정을 위한 조세 지원 특례 사항을 새로 규정하는 것이 좋겠다고 하여 조세감면규제법에서 지원 조치를 강구하였다.

또 특기할 사항은, 부족한 교육 시설과 교육 환경을 개선하기 위하여 5년 간을 시한으로 교육세를 신설하였다. 그 후 교육 재원 확충의 필요성에 따라 영구세로 전환되었고, 이에 따라 교육 재원을 지속적, 안정적으로 확보할 수 있게 되었다.

교육세 신설에 따른 일화 한 토막을 소개한다. 교육세 신설 당시 세원을 무엇으로 할 것이냐를 가지고 많은 논의를 하다가 이자 소득세와 담배, 술에 대한 특별 소비세, 그리고 지방세로 있는 재산세 등에 부가하는 특별부가세sur-Tax 형식으로 할 생각이었다.

나는 교육은 어떻게 보면 지방자치단체의 고유 사업이라고도 볼 수 있기 때문에 재산세에 더 부가를 해서 교육세를 징수하는 게 좋겠다고 생각했다. 당시 재산세 부담이 낮다고 생각해 교육을 위해 더 부담시키는 것이 합리적이라고 생각했다. 이 때문에 내무부와 재무부 사이에 싸움이 벌어지고, 부처 간의 의견 조율이 되지 않아 결국 국무총리(남덕우 총리)실에 가서 담판을 지었다.

남덕우 총리 주재로 서정화 내무부 장관, 이승윤 재무부 장관, 그리고 내무부 재정국장, 재무부 세제국장인 내가 참석해서 논쟁을 벌였다. 나는 재산세 부가 안은 반드시 해야 한다고 주장한 결과 남덕우 총리가 재무부 의견이 타당하니 재무부 안대로 하자고 결론을 냈다.

그런데 정부 안이 국회에 가서 국회의 내무위원회 의원들이 재무위원회에 가서 로비를 한 결과 재산세에 부가하는 내용은 삭제되고 말았다. 지방자치단체의 세원을 왜 국세의 세원으로 하느냐가 주 이유였다. 지금도 나의 생각은 교육세의 세원이야말로 재산세를 기본으로 해야 한다는 것이다.

전두환 대통령은 경제의 안정화 시책에 역점을 두고 조세 정책도 이 관점에서 전반적인 조세 개혁을 했다고 볼 수 있다.

노태우 대통령은 모든 부문에 민주화 바람을 일으키려고 노력한 분으로 조세 행정에 큰 관심을 가져 국세청장 자리도 처음으로 조세 전문가 출신을 기용하는 용단을 내렸다. 그 후 조세 전문가 청장 시대가 열려 조세 행정의 민주화, 전문화, 과학화에 크게 이바지했다고 볼 수 있다. 세정 민원, 봉사 행정을 강화하고, 세정을 전산화, 자동화하는 한편 세정의 국제화 등 선진국 수준의 세정 기반을 마련하는 데 큰 계기가 되었다고 볼 수 있다.

노태우 대통령 시절에 조세 면에서 또 하나 특징적인 사건은 부동산 투기와 벌인 싸움이었다. 1986년까지 상대적으로 안정세를 보이던 토지 가격이 1987년부터 상승하기 시작하여 1988년과 1989년에 전국 평균 지가가 각각 27.5%와 32%로 상승했고, 전국이 투기 열풍에 휩싸이게 되었다.

1988년 8월에 부동산 종합 대책이 발표되고, 이 조치에 뒤따라 종합토지세를 도입하는 방안과 소위 토지 공개념 3개 법의 도입이 구체화되기 시작했다. 종합토지세 제도는 1989년 6월 지방세법을 개정, 1990년 1월부터 시행하였다.

토지 공개념 제도는 「택지 소유 상한에 관한 법률」과 「개발 이익 환수에 관한 법률」, 「토지 초과 이득세법」 등 토지 공개념 3개 법을 만들어 1989년 12월에 국회를 통과, 1990년부터 시행하게 되었다. 그러나 「택지 소유 상한에 관한 법률」과 「토지 초과 이득세법」은 헌법재판소의 결정에 따라 1998년에 폐지되었다.

내가 국세청장으로 있던 기간은 거의 부동산 투기 열풍과 싸웠다고 해도 과언이 아니다. 여하간 앞의 두 가지 법안은 비록 폐지되긴 했으나 노태우 대통령의 토지 공개념 국정 철학은 우리나라 국민의 토지 보유에 대한 전통적인 인식에 큰 변화를 가져왔다고 평가하고 싶다.

이러한 국민 의식의 변화와 분당 등 신도시 건설에 힘입어 그 후 2000년이 가까워 오기까지 토지 등 부동산과 주택 가격은 비교적 안정세를 유지해 왔다고 볼 수 있다.

공직에 있을 때는 신문이나 잡지에 몇 번 글을 쓴 적이 있다. 정부의 입장을 대변하거나 국민에게 이해를 구하기 위하여, 또는 신문사의 요청에 의하여 겁 없이 당당하게 투고한 적이 있다.

그런데 이렇게 나이가 들어 과거를 되돌아보고 공직생활을 성찰해 보는 차원에서 글을 쓴다는 것이 이렇게 어려운 줄은 몰랐다. 평생 조세분야 외길만 걸어온 사람이지만 막상 세금에 관련된 글을 쓴다는 것이 두렵기만 하고 또 조세업무의 내용상 혹시 남에게 폐를 끼치거나 명예에 손상이 가지 않을까 무척 고민도 많이 해 보았다.

그리고 글을 써 오다가 내용이 마음에 들지 않고 나의 뜻대로 표현이 되지 않아 중도에 그만 두려고 한 적이 여러 번 있었다. 그러나 이 글을 쓰면서 다시 한번 나를 깨닫게 해 준 것은 오랜 세월 고락苦樂을 함께 했던 국세청과 옛 재무부 세제국 선후배, 동료들에 대한 이루 말할 수 없는 고마운 마음이었다.

필자와 더불어 반평생을 봉직奉職한 이 분들의 노고와 일에 대한 열정의 흔적을 일부라도 기록으로 남기는 것이 이 분들의 고마움에 대한 작은 보답이 될까 해서 붓을 놓았다가 다시 서투른 글을 시작하게 되었다. 이 과정에서 나에게 많은 고언苦言을 해 준 이원두 학형에게 고맙다는 말씀 드리고 싶다.

그리고 나의 공직생활을 묵묵히 뒷바라지해 주고 어려운 고비마다 나의 마음을 평온하게 해 준 아내 윤화주에게 이 기회에 고마운 마음을 전하고 싶다.

참 고 문 헌

(1) 『조세·재정정책 50년 증언 및 정책 평가』(제2장 제2절, 제3장 제2절) 이형구, 전승훈 편, 한국조세연구원

(2) 『간추린 개정세법(2000~2007)』재정경제부

(3) 『한국의 부가가치세 도입에 관한 보고서』
　　1976. 6. Alan A. Tait 보고서
　　1976. 9. James C. Duiqnan 보고서

(4) 『土地 公槪念法制』. 金弘大 著, 稅經社

(5) 『土地는 누구의 것인가』 NHK 특집, 긴급 리포트

(6) 『국제조세의 이론과 실무』 이용섭 저, 세경사

(7) 『조세론』 이필우 저, 법문사

(8) 『한국재벌연구』 조동성 저, 매일경제신문사

(9) 『진화론적 재벌론』 좌승희 저, 비봉출판사

(10) 『부동산과 세금』 국세청(2008), 근로장려세제(2007) 국세청

(11) 『사회공헌은 아름다운 동행(32P~62P)』 김성호 저, 삼영사

(12) 『Taxation in developing countries(Fourth Edition)』 Edited by Richard M. Bird and Oliver Oldman
　　The Johns Hopkins University press.

(13) 『The individual Income Tax』 Richard Goode
　　The Brookings institution Washington, D.C.

(14) 『The Tax on Value Added』 Clara K. Sullivan

Columbia University Press, New York.

(15) 『The Ideologies of Taxation』 Louis Eisenstein
　　 The Ronald Press Company, New York.

(16) 『Readings on Taxation in developing Countries』 Edited by Richard M.
　　 Bird and Oliver Oldman.
　　 The Johns Hopkins press, Baltimore

(17) 『Alternative Approaches to Capital Gains Taxation』 Martin David
　　 The Brookings Institution

(18) 『Taxation of Income and Wealth in Government Finance in Developing
　　 Countries by Richard Goode (Page 101)』 The Brookings Institution

(19) 『Tax Reform for Fairness, Simplicity and Economic Growth』 Volume 1 ~
　　 Volume 3, The Treasury Department Report to the President office of the
　　 Secretary Department of the Treasury, U.S.A. Nov. 1984

(20) 『Foreign Tax policies and Economic Growth』 (Japan and West Germany
　　 case)
　　 A Conference report of the national bureau of Economic Research and
　　 the Brookings Institution

(21) 『Federal Income Taxation (Part I ~ Part V) Problems, Cases and notes』
　　 William D. Andrews. Professor of Law, Harvard University

(22) 『Property and Wealth Taxes in Public Finance in Theory and Practice
　　 (Fifth Edition Page 410)』 Richard A. Musgrave, Peggy B. Musgrave.
　　 McGraw - Hill, Inc.

저자 연보

〈출 생〉

1939년 4월 23일   대구시 봉산동에서 출생

〈학 력〉

1946년 3월 ~ 1951년 3월   김천시 김천동부국민학교 졸업

1951년 3월 ~ 1951년 5월   김천중학교 입학

1951년 5월 ~ 1954년 3월   대구중학교로 전학 졸업

1954년 3월 ~ 1957년 3월   경북고등학교 졸업

1958년 3월 ~ 1962년 3월   서울대학교 상과대학 경제과 졸업 (경제학 학사)

1965년 9월 ~ 1967년 9월   서울대학교 대학원 경제과졸업 (경제학 석사)

〈경 력〉

1961년 12월   제13회 고등고시 행정과(2부) 합격

1962년 4월 ~ 1966년 10월   공군장교 복무 4년 6개월 (예비역 공군 중위)

                         공군본부 법무감실 근무

1966년 10월 ~ 1967년 2월   천안세무서 총무과장

1967년 2월 ~ 1967년 5월   국세청 기획관리실 기획계장

1967년 5월 ~ 1968년 7월   재무부 세제국 세제1과 총괄계장

1968년 7월 ~ 1969년 7월   미국 하버드 법과 대학원 1년 유학

                         미국 재무성, 국세청(IRS) 직업훈련

1969년 7월 ~ 1970년 2월   세무공무원 교육원 교관

1970년 2월 ~ 1970년 5월   동부산세무서 법인세과장

1970년 5월 ~ 1971년 10월   재무부 세제국 세제2과 법인세계장

1971년 10월 ~ 1973년 3월   재무부 세제국 국제조세 담당관

1973년 3월 ~ 1975년 4월   재무부 세제국 직접세 담당관

1975년 4월 ~ 1976년 4월　　대전지방국세청장
1976년 4월 ~ 1977년 2월　　대구지방국세청장
1977년 2월 ~ 1980년 6월　　국세청 간세국장
1980년 6월 ~ 1982년 2월　　재무부 세제국장
1982년 2월 ~ 1983년 10월　재무부 국세심판소장
1983년 10월 ~ 1985년 5월　국회 재무위원회 전문위원
1985년 5월 ~ 1987년 3월　　재무부 세정차관보
1987년 3월 ~ 1988년 3월　　재무부 재정차관보
1988년 3월 ~ 1991년 12월　국세청장
1991년 12월 ~ 1993년 3월　건설부 장관
1993년 6월 ~ 1994년 3월　　미국하버드 법과 대학원 객원연구원
1994년 4월 ~ 현재　　　　　김&장법률사무소 고문
1995년 2월 ~ 1997년 2월　　국제조세협회 이사장
2000년 4월 ~ 2006년 4월　　국세동우회 회장
2006년 4월 ~ 현재　　　　　세계경제연구원 이사
2007년 3월 ~ 현재　　　　　국세공무원 교육원 명예교수

〈논 문〉

1967년 9월 「한국의 자본형성과 법인세 정책」(경제학 석사학위 논문)
1969년 6월 「한국의 완전한 종합소득세 도입 방안」(하버드 법과대학원, ITP 과
　　　　　　정 졸업 논문)

〈상 훈〉

1978년　홍조근정 훈장
1993년　청조근정 훈장